智慧旅游大数据分析与挖掘

张智恒　温佐承 ◎ 主编

吉林出版集团股份有限公司

图书在版编目（CIP）数据

智慧旅游大数据分析与挖掘 / 张智恒，温佐承主编
. — 长春 ：吉林出版集团股份有限公司，2021.7
ISBN 978-7-5731-0527-1

Ⅰ. ①智… Ⅱ. ①张… ②温… Ⅲ. ①旅游业发展—
研究 Ⅳ. ①F590.3

中国版本图书馆 CIP 数据核字 (2021) 第 214059 号

智慧旅游大数据分析与挖掘

主　　编	张智恒　温佐承	
责任编辑	滕　林	
封面设计	林　吉	
开　　本	787mm×1092mm　　1/16	
字　　数	200 千	
印　　张	9.25	
版　　次	2021 年 12 月第 1 版	
印　　次	2021 年 12 月第 1 次印刷	
出版发行	吉林出版集团股份有限公司	
电　　话	总编办：010-63109269	
	发行部：010-63109269	
印　　刷	北京宝莲鸿图科技有限公司	

ISBN 978-7-5731-0527-1　　　　　　　　　　定价：98.00 元

前　言

　　智慧城市的开启和旅游信息化的进步，使智慧旅游成为全国信息化旅游建设的重心、理论研究的前沿。通过互联网，游客们遍览世界各地的风土人情，虚拟和视觉性的体验与"非日常性体验"的旅游本质几乎相同。目前，旅游业发展到一定阶段，游客们求新求异，希望借助智能科技让旅游跨越时空的距离。因此，本书尝试从旅游业的发展现状，探析智慧旅游的发展。

　　智慧旅游运用物联网和云计算，借助移动终端设备，主动感知旅游相关信息，实时更新信息发布以方便游客及时安排调整工作与旅游计划，对各类旅游信息进行智能感知、优化利用。智慧旅游在学术界是基于新一代的信息通信技术，为满足游客个性化需求，提供优质的体验式服务，实现资源共享与有效利用的变革。

　　智慧旅游为旅游业的转型升级提供了无限可能，但大家不能完全忽视旅游的"在地性"，智慧游的游客更多地依赖智能设备和技术，在某种程度忽视了和景区当地民众的交流，游客的日常生活和旅游的界限逐渐变得模糊。但智慧旅游在合理保持社交距离、控制游客密度、及时获取和传播旅游信息等方面都发挥着极其重要的作用，如何运用好智慧旅游，让智慧旅游成为旅游业的好助力是旅游企业乃至政府不断探索的道路。

前　言

目　录

第一章　大数据与数据挖掘的基本理论

第一节　基于大数据时代的数据挖掘技术

随着计算机互联网技术的发展，信息数据在生活中显示出了越来越重要的作用，可以说大数据时代已经到来。因此人们需要高效自动化的数据分析技术对大量冗杂无规律的信息进行分类管理，数据挖掘技术由此应运而生。为了更好地利用大数据系统，本节对大数据系统中的数据挖掘技术进行了分析，并列举了数据挖掘技术在实际生活领域中的广泛应用。

一、大数据与数据挖掘的相关概述

大数据的概念最早是麦肯锡研究院在 2011 年提出的，他们在《大数据：创新、竞争和生产力的下一个新领域》中提到，数据已经融入人们的日常生活中。通过对大数据的研究和分析，能够使人们的消费以及生产水平都有一个跨越式的提升。截止 2018 年，全球数据量增加了 4.8 ZB，换句话说，世界上的每个人都具有至少 500 GB 的数据量，而且这一数据在未来的几年还会以极快的速度向上增长。

大数据的增长存在以下四个方面的挑战：数据的含量、数据的传输速度、数据分类的多样性以及数据的真实性。大量化是大数据"量"的特点，多样性特点表现在大数据的来源和格式都多种多样，数据传输的速度性表现在数据产生的速度快、处理要求快，能够满足人们日常对数据及时性的要求。最后大数据的真实性指的是真正能够为人们提供服务和帮助的并不是大数据的规模，而是大数据的质量和真实程度，真实性是人们通过大数据制订计划决策的前提和基础。

数据挖掘技术作为一种新兴科技在 20 世纪 80 年代被提出，数据挖掘技术最初是被科学工作者应用在人工智能技术的开发和利用当中的。简单来说，数据挖掘就是对大量数据进行发掘和创新的过程，即在大量冗杂、随机的数据中挖掘出有用的目标数据，创造出挖掘价值和挖掘潜力。

随着时代的发展以及网络技术的飞速发展，现阶段全球数据飞速扩张，2011 年全球数据就超过了 1.8 万亿 GB，预计几年过后这个数值会达到 90 万亿 GB，短短 10 年时间增长了 50 倍左右，毫无疑问我们已经迈入大数据时代。数据挖掘技术正在发展成为一种通过计算机技术对企业运营生产产生重大影响的管理策略，尤其是在信息化发展和数据应用较多的领域，数据挖掘技术的应用意义更为重大。

二、大数据时代数据挖掘的技术方法

根据不同的目标和需要，找出最为合适的分析方法。总体来说，现阶段常用的数据挖掘技术方法有以下几种。

（一）聚类分析

聚类分析是一种无预期、无监督的分析过程，它通过对某些事物进行集合和分组，将类似的事物组成新的集合，并找到其中有价值的部分。聚类分析的基础是"物以类聚"，根据事物的特征将其划分为不同的类别。

现阶段数据挖掘领域中较常用的聚类算法包括 CURE 算法、BIRCH 算法以及 STING 算法。

CURE 算法：CURE 将每个数据点定义为一簇，然后通过某一收缩条件对数据点进行收缩，这样相距最近的代表点的簇就会相互合并，这样一个簇就可以通过多个代表点进行表示，进而使 CURE 能够适应非球形形状。

BIRCH 算法：该算法是一个综合的层次聚类分析方法，对于具有 N 个数据点的簇 {X}（i=1，2，3，4，5…N）其聚类特征向量可以表示为（N，，SS），其中 N 代表簇中含有点的数量，向量 LS 是这 N 个点的线性和，SS 是各个数据点的平方和。另外，如果两个类的聚类特征分别为（N1，S1，SS1）和（N2，S2，SS2），那么这两个类经过合并后的聚类特征可以表示为（N1+N2，S1+S2，SS1+SS2）。BIRCH 算法通过聚类以上特征可以科学地对中心、半径、直径以及类间距离进行运算。

STING 算法：STING 算法将整体空间划分为若干个矩形单元，根据分辨率的不同，将这些矩形单元分为不同的层次结构。几个低层的单元组成了高一层的单元，因此高一层的统计参数可以通过对低层单元计算得出。这些统计参数包括最大值、最小值、平均数、标准差等。STING 算法的特点是其计算与统计查询是相互独立的，因此其运算效率较高且易于处理以及增量更新。

（二）分类预测

分类和预测是两个不同的重要步骤，其中分类是对各个类别中标号的估计，这些标号是分散并且没有规律的。预测则是通过连续的函数值建立的函数模型。分类是进行数据挖掘的起始步骤，它是对可预测的数据按照相应的描述或者特征构建有关的不同区域；分类的方法有很多种，其中较为常见的包括神经网路以及决策树等。预测主要是以及回归基础，对数据未来的动态方向的估计，现阶段较为常见的预测方法包括回归分析法和局势外推法等。

（三）关联分析

人们在日常生产生活中不难发现，各个不同的事物之间是具有盘根错节的关联的，像一件事件的发生随后会引起一系列相关事件的发生，一个意外的出现也会引发更多不同的意外。关联分析法就是通过对一系列事件发生的概率及时地进行分析，找到它们之间的规律，利用发现的规律对未来可能发生的事件进行预估和决策。像著名的沃尔玛啤酒和纸尿布案例的分析：沃尔玛营销人员发现商场内部啤酒的销量和纸尿裤的销量总是成正比，通过运用关联分析方法得出结论，婴儿的父亲在购买纸尿裤的时候总是习惯性地顺手买两罐啤酒，根据这一分析结果，沃尔玛将纸尿裤货架与啤酒货架摆放在了一起，从而大大促进了两种产品的销量。

三、大数据时代数据挖掘技术的应用

（一）金融领域

金融行业需要对数据进行大量的收集和处理，通过对大量数据进行分析可以建立某些模型并发现相应的规律，从而会发现一些客户或者商业机构的习惯和兴趣，赢得客户的信任。另外金融机构通过数据挖掘技术可以更加迅速有效地观察出金融市场的变化趋势，在第一时间赢得机会。数据挖掘技术在金融领域的应用主要包括账户分类、数据清理、金融市场预测分析以及客户信用评估等。

（二）医疗领域

医疗领域也具有大量的数据需要处理，与其他行业不同的是，医疗领域的数据信息由不同的数据管理系统进行管理，且保存的格式也不尽相同。在医疗领域中数据挖掘最重要的任务是对大量的数据进行清理以及对医疗保健所需费用进行预测。

（三）市场营销领域

大数据的数据挖掘技术在市场营销领域的应用，主要体现在对消费者的消费习惯以及消费群体消费行为的分析上，根据分析得出的结果在生产和销售上进行调整，提升产品的销售量。另外通过数据挖掘技术能够对客户群体进行分类识别，从无规则无序的客户群体中筛选出有潜力和有高忠诚度的客户，帮助企业寻找到优质客户进而对其进行重点维护。

（四）教育领域

在教育领域，数据挖掘系统也发挥着不可或缺的作用，通过数据挖掘技术的应用，可以更好地分析出学生的学习程度和学习特点，教师可以根据分析数据及时地对教学进度和教学内容进行调整，另外可以利用数据挖掘系统对学生的学习成绩进行分析，充分了解学生学习中的弱点，并对学习资源进行合理优化配置，从整体上提升教学质量。

（五）科学研究领域

最后在信息量极为庞大的生物技术领域以及天文气象等领域，数据挖掘技术更体现出了其强大、智能化的数据分析功能。

总的来说，在大数据时代，数据挖掘技术作为一个新兴技术具有较大的研究价值与发展空间，因此，我们应该在各个领域内对该技术进行研究与探索，借助大数据系统分析提升各行业的经济效益和社会效益。

第二节　大数据时代的数据挖掘发展

随着改革开放的进一步深化以及经济全球化的快速发展，我国各行各业都有了质的飞跃，发展方向更加全面。特别是近年来科学技术的发展和普及，更是促进了各领域的不断发展，各学科均出现了科技交融。在这种社会背景下，数据形式和规模不断向着更加快速、精准的方向发展，促使经济社会发生了翻天覆地的变化，同时也意味着大数据时代即将来临。就目前而言，数据已经改变了传统的结构模式，在时代的发展推动下积极向着结构化、半结构化以及非结构化的数据模式方向转换，改变了以往的只是单一地作为简单的工具的现象，逐渐发展成为具有基础性质的资源。本节主要针对大数据时代下的数据分析与挖掘进行了分析和讨论，并论述了建设数据分析与挖掘体系的原则，希望可以为从事数据挖掘技术的分析人员提供一定的帮助和理论启示，仅供参考。

进入21世纪以来，随着高新科技的迅猛发展和经济全球化发展的趋势，我国国民经济迅速增长，各行业、领域的发展也颇为迅猛，人们生活水平与日俱增，在物质生活得到极大满足的前提下，更加追求精神层面以及视觉上的享受，这就涉及数据信息方面的内容。在经济全球化、科技一体化、文化多元化的时代，数据信息的作用和地位是不可小觑的，处理和归类数据信息是达到信息传递的基础条件，是发展各学科科技交融的前提。

然而，世界上的一切事物都包含着两个方面，这两个方面既相互对立，又相互统一。矛盾即对立统一。矛盾具有斗争性和同一性两种基本属性，我们必须用一分为二的观点、全面的观点看问题。同时要积极创造条件，促进矛盾双方的相互转变。数据信息在带给人们生产生活极大便利的同时，还会被诸多社会数据信息所困扰。为了使广大人民群众的日常生活更加便捷，需要其客观、正确地使用、处理数据信息，完善和健全数据分析技术和数据挖掘手段，通过各种切实可行的数据分析方法科学合理地分析大数据时代下的数据，做好数据挖掘技术工作。

一、实施数据分析的方法

在经济社会快速发展的背景下，我国在科学信息技术领域取得长足进步。科技信息的发展在极大程度上促进了各行各业的繁荣发展和长久进步，使其发展更加全面化、科学化、专业化，切实提升我国经济的迅猛发展，从而形成一个最佳的良性循环，我国也由此进入大数据时代。对于大数据时代而言，数据分析环节是必不可少的组成部分，只有科学准确地对信息量极大的数据进行处理、筛选，才能使其更好地服务于社会，服务于广大人民群众。正确处理数据进行分析过程是大数据时代下数据分析的至关重要的环节。众所周知，大数据具有明显的优势，在信息处理的过程中，需要对大容量数据、分析速率以及多格式的数据三大问题进行详细的分析和掌握。

（一）Hadoop HDFS

HDFS，即分布式文件系统，主要由客户端模块、元数据管理模块、数据存储服务模块等模块组成，其优势是储存容量较大的文件，通常情况下被用于商业化硬件的群体中。相比于低端的硬件群体，商业化的硬件群体发生问题的概率较低，在储存大容量数据方面备受欢迎和推崇。Hadoop，即是分布式计算，是一个用于运行应用程序在大型集群的廉价硬件设备上的框架，为应用程序的透明化的提供了一组具有稳定性以及可靠性的接口和数据运动，可以不用在价格较高、可信度较高的硬件上应用。一般情况下，面对出现问题概率较高的群体，分布式文件系统是处理问题的首选，它采用继续运用的手法进行处理，而且还不会使用户产生明显的运用间断问题，这是分布式计算的优势所在，而且还在一定程度上减少了机器设备的维修和维护费用，特别是针对机器设备量庞大的用户来说，不仅降低了运行成本，而且还有效地提高了经济效益。

（二）Hadoop 的优点与不足

随着移动通信系统发展速度的不断加快，信息安全是人们关注的重点问题。因此，为了切实有效地解决信息数据安全问题，就需要对大量的数据进行数据分析，不断优化数据信息，使数据信息更加准确，安全。在数据信息的过程中，Hadoop 是最常用的解决问题的软件构架之一，它可以对众多数据实行分布型模式解决，在处理的过程中，主要依据一条具有可信性、有效性、可伸缩性的途径进行数据信息处理，这是 Hadoop 特有的优势。但是世界上一切事物都处在永不停息地变化发展之中，都有其产生、发展和灭亡的历史，发展的实质是事物的前进和上升，是新事物的产生和旧事物的灭亡，因此，要用科学发展的眼光看待问题。Hadoop 同其他数据信息处理软件一样，也具有一定的缺点和不足。主要表现在以下几个方面。

首先，就现阶段而言，在企业内部和外部的信息维护以及保护效用方面还存在一定的不足和匮乏，在处理这种数据信息的过程中，需要相关工作人员以手动的方式设置数据，这是 Hadoop 所具有的明显缺陷。因为在数据设置的过程中，相关数据信息的准确性完全是依靠工作人员而实现的，而这种方式的在无形中会浪费大量的时间，并且在设置的过程中出现失误的概率也会大大增加。一旦在数据信息处理过程中的某一环节出现失误，就会导致整个数据信息处理过程失效，浪费大量的人力、物力以及财力。

其次，Hadoop 需求社会具备投资构建的且专用的计算集群，在构建的过程中，会出现很多难题，比如形成单个储存、计算数据信息和储存或者中央处理器应用的难题。不仅如此，即使将这种储存形式应用于其他项目的上，也会出现兼容性难的问题。

二、实施数据挖掘的方法

随着科学技术的不断发展以及我国社会经济体系的不断完善，数据信息处理逐渐成为相关部门和人们重视的内容，并且越来越受到社会各界的广泛关注和重视，并使数据信息分析和挖掘成为热点话题。在现阶段的大数据时代下，实施数据挖掘项目的方法有很多，且不同的方法适用的挖掘方向不同。基于此，在实际进行数据挖掘的过程中，需要根据数据挖掘项目的具体情况选择相应的数据挖掘方法。数据挖掘方法有分类法、回归分析法、Web 数据挖掘法以及关系规则法等等。本节主要介绍了分类法、回归分析法、Web 数据挖掘法对数据挖掘过程进行分析。

（一）分类法

随着通信行业快速发展，基站建设加快，网络覆盖多元化，数据信息对人们的生产生活影响越来越显著。计算机技术等应用与发展在很大程度上促进经济的进步，提高人们的生活水平，推动人类文明的历史进程。在此背景下，数据分析与挖掘成为保障信息安全的基础和前提。为了使得数据挖掘过程更好地进行，需要不断探索科学合理的方法进行分析，以此确保大数据时代的数据挖掘进程更具准确性和可靠性。分类法是数据挖掘中常使用的方法之一，主要用于在数据规模较大的数据库中寻找特质相同的数据，并将大量的数据依照不同的划分形式区分种类。对数据库中的数据进行分类的主要目的是将数据项目放置在特定的、规定的类型中，这样做可以在极大程度上为用户减轻工作量，使其工作内容更加清晰，便于后续时间的内容查找。另外，数据挖掘的分类还可以为用户提高经济效益。

（二）回归分析法

除了分类法之外，回顾分析法也是数据挖掘经常采用的方法。不同于分类法中对相同特质的数据进行分类，回归分析法主要是对数据库中具有独特性质的数据进行展现，并通过利用函数关系来展现数据之间的联系和区别，进而分析相关数据信息特质的依赖程度。就目前而言，回归分析法通常被用于数据序列的预计和测量以及探索数据之间存在的联系。特别是在市场营销方面，实施回归分析法可以在营销的每一个环节中都有所体现，能够很好地进行数据信息的挖掘，进而为市场营销的可行性奠定数据基础。

（三）Web 数据挖掘法

通信网络极度发达的现今时代，大大地丰富人们的日常生活，使人们的生活更具科技性和便捷性，这是通过大规模的数据信息传输和处理而实现的。为了将庞大的数据信息有目的性地进行分析和挖掘，就需要通过合适的数据挖掘方法进行处理。Web 数据挖掘法主要是针对网络式数据的综合性科技，到目前为止，在全球范围内较为常用的 Web 数据挖掘算法的种类主要有三种，且这三种算法涉及的用户都较为笼统，并没有明显的界限可以对用户进行明确、严谨的划分。随着高新科技的迅猛发展，也给 Web 数据挖掘法带来了一定的挑战和困难，尤其是在用户分类层面、网站公布内容的有效层面以及用户停留页面时间长短的层面。因此，在大力推广和宣传 Web 技术的大数据时代，数据分析技术人员要不断完善 Web 数据挖掘法的内容，不断创新数据挖掘方法，以期更好地利用 Web 数据挖掘法服务于社会，服务于人们。

三、大数据分析挖掘体系建设的原则

随着改革开放进程的加快，我国社会经济得到明显提升，人们物质生活和精神文化生活大大满足，特别是 21 世纪以来，科学信息技术的发展，更是提升了人们的生活水平，改善了生活质量，计算机、手机等先进的通信设备比比皆是，传统的生产关系式和生活方式已经落伍，并逐渐被淘汰，新的产业生态和生产方式喷薄而出，人们开始进入大数据时代。因此，为了更好地收集、分析、利用数据信息，并从庞大的数据信息中精准、合理地选择正确的数据信息，进而更加迅速地为有需要的人们传递信息，就需要建设大数据分析与挖掘体系，并在建设过程中始终遵循以下几个原则。

（一）平台建设与探索实践相互促进

经济全球化在对全球经济发展产生巨大推力的同时，还使得全球技术竞争更加激烈。为了实现大数据分析挖掘体系良好建设的目的，需要满足平台建设与探索实践相互促进，根据体系建设实际逐渐摸索分析数据挖掘的完整流程，不断积累经验，积极引进人才，打造一支具有专业数据分析与挖掘水准的队伍，在实际的体系建设过程中吸取失败经验，并适当借鉴发达国家的先进数据平台建设经验，取其精华，促进平台建设，以此构建并不断完善数据分析挖掘体系。

（二）技术创新与价值创造深度结合

从宏观意义上讲，创新是民族进步的灵魂，是国家兴旺发达的不竭动力。而对于数据分析挖掘体系建设而言，创新同样具有重要意义和作用。创新是大数据的灵魂，在建设大数据分析挖掘体系过程中，要将技术创新与价值创造深度结合，并将价值创造作为目标，辅以技术创新手段，只有这样，才能达到大数据分析挖掘体系建设社会效益与经济效益的双重目的。

（三）人才培养与能力提升良性循环

意识对物质具有反作用，正确反映客观事物及其发展规律的意识，能够指导人们有效地开展实践活动，促进客观事物的发展。歪曲反映客观事物及其发展规律的意识，则会把人的活动引向歧途，阻碍客观事物的发展。由此可以看出，意识正确与否对于大数据分析挖掘体系平台建设的重要意义。基于此，要培养具有大数据技术能力和创新能力的数据分析人才，并定期组织教育学习培训，不断提高他们的数据分析能力，不断进行交流和沟通，培养数据分析意识，提高数据挖掘能力，实现科学的数据挖掘流程与高效的数据挖掘执行，从而提升数据分析挖掘体系平台建设的良性循环。

通过本节的综合论述可知，在经济全球化趋势迅速普及的同时，科学技术不断创新与完善，人们的生活水平和品质都有了质的提升，先进的计算机软件等设备迅速得到应用和推广。人们实现信息传递的过程是通过对大规模的数据信息进行处理和计算形成的，而信息传输和处理等过程均离不开数据信息的分析与挖掘。可以说，我国由此进入了大数据时代。然而，就我国目前数据信息处理技术来看，相关数据技术还处于发展阶段，与发达国家的先进数据分析技术还存在一定的差距和不足。所以，相关数据分析人员要根据我国的基本国情和标准需求对数据分析技术进行完善，提高思想意识，不断提出切实可行的方案进行数据分析技术的创新，加大建设大数据分析挖掘体系的建设，搭建可供进行数据信息处理、划分的平台，为大数据时代的数据分析和挖掘提供更加科学、专业的技术，从而为提高我国的科技信息能力提供基本的保障和前提。

第三节　大数据技术与档案数据挖掘

信息时代背景下，信息分析与处理方式多式多样。大数据技术近几年开始应用于档案数据挖掘中，使得档案管理工作变得信息化和精细化。本节就大数据技术在档案数据挖掘中的价值与策略进行深入分析。

伴随着大数据时代的到来，数据挖掘技术在档案管理中的应用将进入一个新的发展时期。尽管档案学术界很早就提出知识管理与知识挖掘，但知识挖掘尚停留在概念和理论探讨阶段。大数据挖掘，即从大数据中挖掘知识，大数据挖掘技术有效地解决了数据和知识之间的鸿沟，是将数据转变成知识的有效方式。大数据时代给数据挖掘技术带来的根本性改变是使数据的深度挖掘成为可能，对大量数据进行分析处理和智能化挖掘，从管理角度来看，要达到最优的结果，不仅数据要全面、可靠、有价值，而且需要对数据进行深度挖掘。

一、大数据技术与档案数据挖掘内容

（一）挖掘档案资源

在大数据技术支持下，档案管理工作的思路应转变为"大数据"，合理整合档案数据，建立完善的大数据档案资源体系和共享软件档案数据资源库，从而实现馆藏档案的共享和联系。另外，云计算平台和互联网技术等推动了地区档案数据资源网络系统的建设与完善，使得档案用户查询相关资料更加方便简洁。

（二）用户数据挖掘

大数据技术下的档案资源挖掘，可以挖掘更多的用户数据，使得大数据档案服务变得更加精准，同时也提升了用户的体验感与认同感。在进行档案数据挖掘的时候，应该重点对用户的档案信息、用户统计资料等进行挖掘整理。在档案数据挖掘的时候，可以利用大数据技术访问用户的浏览日志文件，还可以用数据分析技术进行档案资料分析，对用户的检索关键词进行数据化统计，从而提高档案信息查准率。

二、利用大数据技术进行档案数据挖掘的有效措施

（一）构建大数据技术为核心的数据资源体系

随着社会的进步，档案数据应展现时代特色，构建中华民族体记忆的"中国式"数字资源库。数字资源可以是文本形式、音频形式、图片形式等。首先，应扩大档案数据资源总量，加大实体档案资源的建设，完善实体档案门类，优化馆藏档案结构。其次，应重点建设数字资源，构建完善的数字化档案资源库，使电子档案分门别类的归档。最后，应大力整合档案数据资源，实现资源共享，增加数据应用价值。一方面，在档案数据管理方面，大数据技术为档案管理与档案挖掘提供了有效保证；另一方面，在大数据技术下档案的深入挖掘中，还进一步优化档案馆的使用功能。

（二）构建和谐的用户关系管理，增大数据内在关联

在大数据时代，人们应该转变原有的"因果关系"认知思路与观念，用"相互关系"取代传统思想，用新的视觉看待档案数据挖掘，用新的技术去挖掘档案数据，将以前的"知道为什么"变成"知道是什么"。大数据技术有预测分析的功能，可以对档案用户之前的网上行为，现在的进行行为进行分析，还可以根据用户的基本情况预测未来的行为，挖掘出数据之间的关联性，实现档案资源的集成、创新与优化。可以借助大数据技术，统计分析用户的行为轨迹，研究用户的使用习惯和兴趣，分析用户的储存行为等，在隐性层面满足用户的实际需求。例如，借助大数据技术针对不同的用户，可以产生动态推荐超级链接列表。

（三）利用大数据技术保护数据安全

在大数据时代，信息隐私安全保护面临着严峻考验，技术因素和人力因素都会影响数据的安全性，如果合理利用大数据技术，就可以为档案管理工作提供可靠的预测决策的情报。首先，应健全大数据档案挖掘法律法规，加强对个人档案信息隐私的保护力度，另外，还应建立个人档案数据安全管理体系，合理管理档案信息，避免发生数据外泄和丢失等现象。其次，选择可以保护数据隐私的挖掘方法与技术，明确私人信息和公共信息，先确保私人信息的安全，再进行数据地深入挖掘。

（四）实施智慧因子联合大数据技术的数据挖掘模式

自"智慧城市"概念提出后，"智慧因子"被广泛应用于各行各业中，例如智慧上海、智慧物流、智慧档案馆等。智慧档案馆就是档案数据挖掘中"智慧因子联合大数据技术"的实际应用案例，在大数据技术中植入智慧因子，将智慧服务为档案馆理论，在互联网技术和物联网技术的支持下，形成智能网络体系，真正实现档案信息资源的有机整合和广度挖掘，推动我国档案服务的信息化和智慧化发展。大数据技术可以将各种档案资源进行有机整合，同时，借助智慧因子，创新智慧服务理念和手段，使得档案数据资源开发更加个性化，同时让隐性知识变得显性化。

综上所述，在大数据时代背景下，大数据档案、大数据服务、智慧档案等都大大促进了档案管理工作的开展。随着科学技术的不断发展，未来档案管理工作中应真正落实大数据技术，使得每位档案管理人员在工作中都可以轻车熟路。档案数据挖掘有几个不同的环节，在应用大数据技术的时候，应该认清数据挖掘环节的特性，采取合理的数据挖掘措施，实现档案数据资料的有效挖掘和合理运行，实现大数据技术下档案数据的良性循环。

第四节　遥感大数据自动分析与数据挖掘

成像方式的多样化以及遥感数据获取能力的增强，导致遥感数据的多元化和海量化，这意味着遥感大数据时代已经来临。然而，现有的遥感影像分析和海量数据处理技术难以满足当前遥感大数据应用的要求。发展适用于遥感大数据的自动分析和信息挖掘理论与技术，是目前国际遥感科学技术的前沿领域之一。本节围绕遥感大数据自动分析和数据挖掘等关键问题，深入调查和分析国内外的研究现状和进展，指出在遥感大数据自动分析和数据挖掘的科学难题和未来发展方向。

一、大数据和遥感大数据

近年来，随着信息科技和网络通信技术的快速发展以及信息基础设施的完善，全球数据呈爆发式增长。国际数据资讯公司（International Data Corporation，IDC）的最新研究指出，全球过去几年新增的数据量是人类有史以来全部数据量的总和 2020 年，全球产生的数据总量将达到 40 ZB 左右，而其中 95% 的数据是不精确的、非结构化的数据。一般而言，把这些非结构化或半结构化的、远超出正常数据处理规模的、通过传统的数据处理方法分析困难的数据称为大数据（big data）。大数据具有体量大（volume）、类型杂（variety）、时效强（velocity）、真伪难辨（veracity）和潜在价值大（value）等特征。

大数据隐含着巨大的社会、经济、科研价值，被誉为未来世界的"石油"，已成为企业界、科技界乃至政界关注的热点。2008 年和 2011 年《Nature》和《Science》等国际顶级学术刊物相继出版专刊探讨对大数据的研究，标志着大数据时代的到来。在商业领域，IBM、Oracle、微软、谷歌、亚马逊、Facebook 等跨国巨头是发展大数据处理技术的主要推动者。在科学研究领域，2012 年 3 月，美国奥巴马政府六个部门宣布投资 2 亿美元联合启动"大数据研究和发展计划"，这一重大科技发展部署，堪比 20 世纪的信息高速公路计划。英国也将大数据研究列为战略性技术，对大数据研发给予优先资金支持。2013 年英国政府向航天等领域的大数据研究注资约 1.9 亿英镑。我国也已将大数据科学的研究提上日程，2013 年国家自然科学基金委开设了"大数据"研究重点项目群。总体而言，大数据科学作为一个横跨信息科学、社会科学、网络科学、系统科学、心理学、经济学等诸多领域的新型交叉学科已成为科技界的研究热点。

从目前来看，国际上针对大数据的科学研究仍处于起步阶段，大数据的工程技术研究走在科学研究的前面。绝大多数研究项目都是应对大数据带来的技术挑战，重视的是数据工程而非数据科学本身。为了深入研究大数据的计算基础研究，需要面向某种特定的应用展开研究。

在遥感和对地观测领域，随着对地观测技术的发展，人类对地球的综合观测能力达到空前水平。不同成像方式、不同波段和分辨率的数据并存，遥感数据日益多元化；遥感影像数据量显著增加，呈指数级增长；数据获取的速度加快，更新周期缩短，时效性越来越强。遥感数据呈现出明显的"大数据"特征。

然而，与遥感数据获取能力形成鲜明对比的是遥感信息处理能力十分低下。现有的遥感影像处理和分析技术，主要针对单一传感器设计，没有考虑多源异构遥感数据的协同处理要求。遥感信息处理技术和数据获取能力之间出现了严重的失衡，遥感信息处理仍然停留在从"数据到数据"的阶段，在实现从数据到知识转化上明显不足，对遥感大数据的利用率低，陷入"大数据，小知识"的悖论。更有甚者，由于大量堆积的数据得不到有效利用，海量的数据长期占用有限的存储空间，将造成某种程度上的"数据灾难"。

大数据的价值不在其"大"而在其"全"，在其对数据后隐藏的规律或知识的全面反映。同样，遥感大数据的价值不在其海量，而在其对地表的多粒度、多时相、多方位和多层次的全面反映，在于隐藏在遥感大数据背后的各种知识（地学知识、社会知识、人文知识等）。遥感大数据利用的终极目标在于对遥感大数据中隐藏知识的挖掘。因此，有必要研究适应于遥感大数据的自动处理和数据挖掘方法，通过对数据的智能化和自动分析从遥感大数据中挖掘地球上的相关信息，实现从遥感数据到知识的转变，突破这种"大数据，小知识"的遥感数据应用瓶颈。

本节主要讨论遥感大数据的智能分析与信息挖掘问题。在大数据的背景下，借助和发展相关技术，开展对遥感大数据的研究，一方面可以丰富"大数据科学"的内涵；另一方面也可有效地破解遥感对地观测所面临的"大数据，小知识"的困局，具有十分重要的科学价值和现实意义。

二、遥感大数据的自动分析

遥感大数据的自动分析是进行遥感大数据信息挖掘、实现遥感观测数据向知识转化的前提，其主要目的是建立统一、紧凑和语义的遥感大数据表示，从而为后续的数据挖掘奠定基础。遥感大数据的自动分析主要包含数据的表达、检索和理解等方面。

（一）遥感大数据的表达

随着对地观测遥感大数据不断涌现，其语义的复杂性、数据维度语义的丰富性、传感器语义的多样性等新特点使得传统的表达方式已不能满足实际应用需求。同一地物的不同粒度、时相、方位和层次的观测数据可以看作是该地物在不同观测空间的投影，因此，遥感大数据的特征提取需要考虑多源、多分辨率影像特有的特征表达模型以及特征间的关系和模型的相互转化。研究遥感大数据的特征计算方法，从光谱、纹理、结构等低层特征出发，抽取多元特征的本征表示，跨越从局部特征到目标特性的语义鸿沟，进而建立遥感大数据的目标一体化表达模型是遥感大数据表达的核心问题。研究内容主要包括以下内容：

（1）遥感大数据的多元离散特征提取：在大数据的框架下，需要研究多分辨率、多数据源、多时空谱的遥感影像特征提取，形成遥感大数据在不同传感器节点的离散、多元特征提取方法。

（2）遥感大数据多元特征的归一化表达：遥感大数据的特征提取需要考虑多元离散特征的融合和降维。特征融合旨在把多元特征统一到同一个区分特征空间中，用数据变换的方式将不同源、不同分辨率的离散特征同化到大数据的应用空间。同时，多元特征的维数分析目的在于将遥感大数据的高维混合特征空间进行维数减少，形成归一化的低维特征节点和数据流形，以提高大数据处理的效率。

（二）遥感大数据的检索

遥感大数据应用正朝着网络化、集成化的方向发展。世界各国也纷纷制订了国家级别空间数据基础设施的计划，旨在通过网络的方式，提供高程、正射影像、水文、行政边界、交通网络、地籍、大地控制以及各种专题数据的访问与下载服务。例如，美国政府建立的空间信息门户，其目标在于建立一站式地理空间站点，以提高政府工作效率以及为大众提供空间信息服务，在一定程度上方便信息的获取。然而，这种服务模式主要是通过目录搜索的方式提供数据下载，对于数据的处理和分析还远远不够，难以实现对用户需求的按需服务。现有的地理信息和遥感数据服务链还难以对任务需求变化和动态环境变化进行自适应处理，也难以在任务并发情况下进行服务协同优化。

为了从海量遥感大数据中检索出符合用户需求和感兴趣的数据，必须对数据间的相似性和相异性进行度量。在此基础上的高效遥感大数据组织、管理和检索，可以实现从多源多模态数据中快速地检索感兴趣目标，提高遥感大数据的利用效率。对于遥感场景数据的检索目前基本实现了基于影像特征的搜索。然而，在遥感大数据中，同一地物的不同观测数据存在大量的冗余性和相似性，如何利用这些冗余信息，研究图像的相似性或差异性、充分挖掘图像的语义信息，有效提高检索效率是遥感大数据利用的关键问题。

仅针对某一类型图像的传统遥感图像检索方法已难以适用于遥感大数据的检索，发展知识驱动的遥感大数据检索方法是有效途径之一，主要包括：

（1）场景检索服务链的建立：由于遥感图像描述的是地表信息，不存在明确或单一的主题信息，而传感器和成像条件的多样化又导致遥感图像的多样化，因此，需要在遥感影像语义特征提取、目标识别、场景识别与自主学习的基础上，针对不同类型遥感数据的特点，建立适合数据类型与用于需求的场景检索服务链，获取不同类型遥感数据所共有的地学知识，为检索多源异质数据提供知识基础。

（2）多源海量复杂场景数据智能检索系统：海量场景数据智能检索系统基于用户给定的待检索信息（文本描述、场景图像等）对多源海量遥感数据进行检索，快速返回用户所需的场景。

（3）融入用户感知信息的知识更新方法：相关反馈技术作为一种监督的自主学习方法，是基于内容的图像检索中提高图像检索性能的重要手段。相关反馈是一种通过用户对检索结果的反馈，把低层次特征与高层语义进行实时关联的机制，其基本思想是：查询时，首先由系统对用户提供查询结果，然后用户反馈给系统其对于结果的满意程度，从而锻炼和提高系统的学习能力以模拟人类的对图像的感知能力，达到高层语义检索的目的。

（三）遥感大数据的理解

遥感大数据科学的主要目标是实现数据向知识的转化，因此遥感大数据场景的语义理解至关重要。目前对于遥感场景数据的处理基本实现了由"面向像素"到"面向对象"的处理方式的过渡，能够实现对象层—目标层的目标提取与识别。然而，由于底层数据与高层语义信息间存在语义鸿沟，缺乏对目标与目标关系的认知、目标与场景关系的认知，造成在目标识别过程中对获取的场景信息利用能力不足的问题。为了实现遥感大数据的场景高层语义信息的高精度提取，在遥感大数据特征提取和数据检索的基础上，应主要研究以下内容：

（1）特征—目标—场景语义建模：为了实现遥感大数据的场景语义理解，克服场景理解中的语义鸿沟问题，需要发展从目标—场景关系模型、特征—视觉词汇—场景模型、特征—目标—场景一体化模型三个方向，研究特征—目标—场景的语义模型。

（2）遥感大数据的场景多元认知：以多源、多尺度等多元特征为输入，以特征—目标—场景语义模型为基础，研究遥感大数据的场景多元认知方法，提供多元化语义知识输出。

（四）遥感大数据云

遥感云基于云计算技术将各种遥感信息资源进行整合，建立基于遥感云服务的新型业务应用与服务模式，提供面向公众的遥感资源一体化的地球空间服务。遥感云将各种空天地传感器及其获取的数据资源、数据处理的算法和软件资源以及工作流程等进行整合，利用云计算的分布式特点，将数据资源的存储、处理及传输等分布在大量的分布式计算机上，使得用户能快速地获取服务。国家测绘地理信息局建设的地理信息综合服务网站——天地图，就是利用分布式存储技术来存储全球的地理信息数据，这些数据以矢量、影像、三维三种模式来展现，通过门户网站实现地理信息资源共享。Open RS Cloud 是一个基于云计算的开放式遥感数据处理与服务平台，可以直接利用其虚拟 Web 桌面进行快速的遥感数据处理和分析。GeoSquare 利用高效的服务链网络为用户提供输入输出管理工具来构建可视化的服务链模型进行遥感数据处理。目前正在建立的空天地一体化对地观测传感网旨在获取全球、全天时、全天候、全方位的空间数据，为遥感云中数据获取、处理及应用奠定基础。

三、遥感大数据挖掘

数据挖掘是指从大量数据中通过算法搜索其隐藏信息的过程，是目前大数据处理的重要手段和有效方法，可以从遥感大数据中发现地表的变化规律，并探索出自然和社会的变化趋势。下面将具体分析遥感大数据挖掘过程和遥感大数据和广义遥感大数据的综合挖掘。

（一）遥感大数据挖掘过程

对大数据进行数据挖掘整个过程包含数据获取与存储、数据处理与分析、数据挖掘、数据可视化及数据融合等，这些过程都具有大数据的特点。而相较于数据检索和信息提取而言，数据挖掘的难度更大，它依赖于基于大数据和知识库的智能推理等的理论和技术支撑。遥感大数据的数据挖掘具体过程为：首先是数据的获取和存储，存储从各种不同的传感器获取的海量、多源遥感数据并利用去噪、采样、过滤等方法进行筛选整合成数据集；然后对数据集进行处理和分析，如利用线性和非线性等统计学方法分析数据并根据一定规则对数据集分类，并分析数据间及数据类别间的关系等；接着对分类后的数据进行数据挖掘，利用人工神经网络、决策树、云模型、深度学习等方法探索和发现数据间的内在联系、隐含信息、模式及知识；最后可视化这些模式及知识等，用一种直观的展示来方便用户理解，并将有关联的类别进行融合，以方便分析和利用。

（二）遥感大数据和广义遥感大数据的综合挖掘

遥感大数据是地物在遥感成像传感器下的多粒度、多方位和多层次的全面反映。一方面，它能与 GIS 数据等其他空间大数据有较好的互补关系；另一方面，广义的遥感大数据应该包含所有的非接触式的成像数据，这些遥感大数据和广义遥感大数据的综合信息挖掘能揭示更多的地球知识和变化规律。

随着智慧城市在中国和全世界的推广以及视频架构网的完善，视频监控头作为一种特殊的遥感传感器在城市的智慧安防、智慧交通和智慧城管中有大量应用。2005 年国务院启动平安城市的计划，在 660 个城市装了 2200 多万个摄像头，大部分城市装了 25 ~ 60 万个摄像头，存储的数据达到 PB 级别。这些广义遥感时空大数据包含丰富的信息，如果对这些数据进行信息挖掘，就可以从中发现地球上的一些精细尺度的变化规律，例如人类的生活和行为等。

然而这些广义遥感时空大数据，目前不仅存储费用昂贵，而且不能得到很好的分析，无法发挥其在智慧城市中的作用，亟需寻求自动化的数据智能处理和挖掘的方法，发展对空间地理分布的视频数据进行时空数据挖掘的新理论和新算法。

时空分布的视频数据挖掘其目的不仅是进行智能的数据处理和信息提取，更重要的是通过时空分布的视频数据挖掘自动区分正常行为和异常行为的人、车、物，从而对海量的视频数据进行合适的处理，例如删除与人们正常活动有关的、需要保护的私隐活动数据，而保留包含可疑事件的数据。

时空数据挖掘指从时空数据中提取出隐含的、未知的、有用的信息及知识，时间维度和空间维度增加了其挖掘过程的复杂性，因此，时空数据的挖掘需要综合运用多种数据挖掘方法，如统计方法、聚类法、归纳法、云理论等。时空分布的视频数据挖掘的主要研究内容包括行为分析，基于时空视频序列的事件检测等内容。

（三）遥感大数据挖掘的潜在应用

遥感大数据挖掘不仅能用于挖掘地球各种尺度的变化规律，而且能用于发现未知的，甚至与遥感本身不相关的知识，其中一个典型的应用是用夜光遥感技术发现夜光和战争之间的关系。例如，借助美国国家海洋和大气管理局免费公布的相关卫星数据，可以绘制出 169 个国家的夜光趋势图，通过统计分析得到全球夜光波动指数，发现每年夜光波动程度与当年全球发生武装冲突数量的相关度很高，相关系数达到 0.7 以上。如果利用数据挖掘的方法把所有国家按照夜光波动进行分级，夜光波动最大的一类国家，在近 20 年内发生战争的概率为 80%，夜光波动较大或者极大的 53 个国家中，有 30 个遭受战争侵扰。因此，可以得出结论：夜光突然减少，一般情况下对应着战争爆发和因海啸等天灾造成的居民大规模迁徙；夜光突然增加，一般意味着战争结束以及战后、灾后重建。一个国家的夜光波动越大，说明在该段时间发生战争的可能性越大。

未来 10 年，我国遥感数据的种类和数量将飞速增长，对地观测的广度和深度快速发展，亟需开展遥感大数据的研究。然而，卫星上天和遥感数据的收集只是遥感对地观测的第一步，如何高效地处理和利用已有的和这些即将采集的海量多源异构遥感大数据，将遥感大数据转化成知识是主要的理论挑战和技术瓶颈。研究遥感大数据的自动分析和数据挖掘，能为突破这一瓶颈提供有效地方法，有望显著提高对遥感数据的利用效率，从而加强遥感技术在环境遥感、城市规划、地形图更新、精准农业、智慧城市等方面的应用效力。因此，重视和抓紧遥感大数据的研究不仅具有非常重要的学术价值，而且具有重要的现实意义。

第五节 面向大数据的空间数据挖掘

随着我国高新技术的不断发展，各个领域中更多地应用了先进的技术，特别是大数据技术的应用。在大数据时代的发展中，电子产品与电子商务网络引进计算服务的平台，并且储存了很多的数据信息，对于信息资源的不断完善与健全信息不再是紧缺与匮乏的状态，这对人们生活水平质量的提高起到了很重要的作用。对于现代空间数据的储存量与评价值也逐渐增加，使用传统的人工分析的方式已经不能实现现代社会的发展需求，所以需要加强这方面的信息并引进先进的技术。本节主要针对大数据中的空间数据进行详细分析，并针对其中的挖掘技术进行严密地研讨，为以后数据信息的发展提供重要的参考依据。

目前，在国家整体经济不断发展的情况下，带动人们生活水平的提高。对于国家各个行业的不断发展与完善，为科学技术的创新与完善奠定了良好的基础。社会经济的快速发展，实现我国对经济发展的要求，目前我国经济、政治、文化的发展重要内容是空间的不断发展。科学技术的发展促使人们对社会的研究上升到空间的角度，目前我国的大数据时代逐渐地完善，空间数据的挖掘也成为未来发展的必然趋势，成为经济、政治、文化发展的重要前提。

所谓的大数据的使用与处理模式需要具有很强的决策能力与洞察能力，同时还需要对流程进行优化、提高增长率与信息资产的多样化的发展。目前很多企业单位与平台所产生的数据都具有很强的参考价值，需要我们不断地挖掘。对于信息的使用最大的特点就是时效性，因此对大数据的处理工作受到人们的广泛关注，但我们面临的主要问题就是企业与平台不能在科学、合理时间内对数据进行整理、分析。当前我国的信息资源发展的速度很快，也为大数据的发展提供了重要的基础条件。

一、空间数据挖掘的特点

空间数据与普通的数据不同，它具有很强的复杂性与多样性，所以要求对空间数据的挖掘使用的方式、方法具有一定的特殊性。结合相关的资料参考对于空间数据的挖掘特点总结，根据其自身的特征进行分析主要包括以下几个方面：第一，对于空间数据的来源比较广泛，而且数量比较大，种类很丰富，数据信息的类型比较多，数据的表现形式也是多种多样比较复杂。第二，数据信息的依托方式具有很高的技术水平。一般情况下会使用空间搜索引擎对复杂的空间数据进行收集整理。对于空间数据的挖掘技术的定位也与普通的信息数据整理的方法不同，得到了很大的提高。所以空间数据的挖掘技术也与之前的传统技术所不同，具有很大的提高。第三，对空间数据的挖掘方法也是多种多样，根据不同领域的不同表现形式，使用的技术与范围具有很高的复杂程度，对于使用的技术方法也是随机应变，对于方法的选择需要结合不同领域的研究侧重点不同进行分析，选择合适的挖掘方法。第四，对于空间数据的挖掘过程需要依据多尺度与多维度的原则进行分析，随着国家社会多元化、复杂化的发展对于空间信息的整体要求，空间数据的挖掘方法也会各不相同。所以需要对不同领域的不同信息进行综合分析，主要是由于不同类型的领域中的共同性所决定。

二、大数据下空间数据的价值

（一）总体认知原貌

目前，大数据环境下的空间数据具有以下几种特点：复杂性、多样化与多维度等。这样有助于对固有事物属性进行真实的表现，这样可以协助人类对整个世界的特征、实际情况有一个详细的了解与掌握。传统使用的方法主要是针对某一种事物或者单一的内容进行相关信息的收集、整理、分析，因此只是对这一方面比较了解，缺乏完整性，而且还会在认识上存在一些错误的信息。但是，在新时代大数据信息发达的状态下，收集到的数据信息可以全面地反映对某一事物的认识还有与其他事物之间的联系。这样可以对事物了解得更透彻。因此，要求这些信息需要更加的真实、准确，这样才能更好地展示这一事物最真实的一面，有助于人们更好地了解世界，为开拓世界奠定坚实的基础，促进社会的不断发展。

（二）基础性资源

在大数据时代下空间数据的使用，具有很高的价值，可以作为社会资源发展的基础性条件也是社会全方面发展的重要推动。进入信息时代之后，社会的日常生活与工作都与数据之间建立了紧密的联系，这就与传统的生产与人力资本具有很大的不同。在社会经济不断发展的时代，空间数据起到了很重要的促进作用，与此同时，大数据信息的发展也对社会中企业与公共部门的经济效益具有直接的关系，它可以提高企业的生产效益与经营的效益，提高企业的竞争实力与创新能力。例如，能够将高新的三维数据技术与卫星的导航技术用在大数据信息的发展中，对基础信息资源的监理具有重要的作用，它可以对人们日常的出行、所处的地理位置、城市的规划等提供重要的信息资源。在信息资源中空间数据是其中重要的组成部分，大数据的空间数据发展能够为人们提供重要的参考价值。对于这些大量的空间数据一定要学会怎样去利用、怎样去挖掘其中巨大的价值，值得人们深入地研究与探讨。

（三）时空数据是大数据的基础

大数据具有很强的复杂性，所以使用传统的数据处理技术无法实现对大数据的充分利用。大数据中大部分的数据来自空间数据，由于这些数据中的四分之三以上都与空间的位置有直接的关系。随着我国高新技术的不断发展，对于计算机技术与网络空间信息技术的不断发展与普及，这些数据具有很强的时效性，而且会随着时间的变化而发生变化。这些数据具有客观的存在，所以人们对这些数据都附上了地理的编码与时间的标志，从这个角度考虑，时空数据不仅是组成大数据的重要组成部分，也是大数据组成的重要基础。所以，对时空数据资源的存储与处理技术就是对大数据的存储处理技术，只不过时空数据更多的是注重地学领域，而大数据包含所有的方面。与传统的空间数据不同，时空数据要更加的复杂和多样化。它根据研究对象随时间的发展而形成的变化轨迹，对研究对象的空间属性与时间的属性进行了详细地记录，也是一个动态变化的过程。具有很大的数据量变化，而且具有时变性的特征。目前这一技术的使用主要是在国家的国防、工业、交通、气象等领域。

三、大数据下的空间数据挖掘

（一）基本的大数据技术

对于大数据时代下的空间数据的挖掘需要的最大的支持就是高新的技术手段。例如，在对数据信息的采集、存储、整理、表达等多方面的技术应用，这些都是对空间数据利用的基础，对于大数据的收集技术的使用主要是指对数据的获取方法。针对这些庞大的信息量怎样才能实现在最短的时间内完成存储的安全是非常重要的，可以运用相关的应用软件，建立一个大型的数据库存储使用，这样可以实现大量信息的安全存储，对于以后的管理也很便利。另外，使用处理的处理技术，将这个大量信息中蕴含的数据价值进行充分地挖掘，以便被人们使用，在这个处理过程中，空间数据已经不是单纯的数据而是一种信息，然后将处理过的数据使用相关的技术进行充分的表达，这样就可以将潜在的信息充分地释放出来，为人们的使用提供重要的帮助。

（二）发现空间知识

在对空间数据进行挖掘之后会得到更多的空间大数据，这些数据具有很大的价值，这些就是发现空间知识。这是经过对空间数据的处理得到的空间信息，在发展为空间知识的一个转变的过程。空间数据的挖掘技术主要是将空间的数据进行收集整理之后经过分析得到的空间知识，之后将这些知识与数据进行有效地结合使用，实现对数据的处理与决策。空间知识的特征就是具有很强的自学习性、自提升性、普遍性等，这样更容易被人们使用，是进行判断，采取决策的重要参考。如果这些空间的知识被人们广泛地使用，这样不管是生活的方式还是学习工作都会发生很大的变化，逐渐的精细与完善。可以实现对资源的有效使用，减少浪费的情况发生，提高人们的生活水平等，对人类与社会的发展都具有重要的推动作用。

（三）萃取数据智能

所谓大数据的数据智能化是指将收集到的数据进行详细的分析、研究，从而得到更加全面、具体、新颖的知识来解决更多的问题。可以实现对问题的更灵活、有效、全面地解决，也是一种能力的表现。对于空间数据的智能化主要是根据感知的能力、广泛的互动与智能化单个方面组成的，三者之间相互合作，获取更多、广泛的数据信息，并通过目前的网络技术进行信息之间的传递与共享。再结合相应的方法和措施对数据进行深入的分析与挖掘。一部分会认为对于大数据的智能化就是将不同的数据信息与挖掘技术进行简单的结合，这种想法是错误的。空间数据的智能化是具有一个科学的组织机构与良好的运行系统，强大的综合功能针对某一个行业的系统智能化。对于某一个行业来说系统的结构越合理，行业内部之间的损耗就会越少，所产生的功效就会越大，整个系统的可用性就会更高。工作人员通过对大量的空间数据进行有效地使用与研究，可以使用更加高效的方法对其进行计算与分析，通过对各行各业的大量信息数据进行集中分析，得到与当前实际情况相吻合的信息资源，这样可以为解决现实问题提供很大的帮助。

（四）空间数据挖掘的应用趋势及发展预测

通过对目前大数据时代下的空间数据的挖掘技术可以看出，当前社会市场经济的环境下需要这些资源与信息，但是空间数据还有很多的优势没有被人们发现与使用，一些特征的存在注定了在未来空间数据的发掘中还具有很大的发展空间。例如，针对多来源的空间数据的处理技术水平还存在问题，而且不能实现各个领域的全面适用。随着互联网技术的不断发展，空间数据的挖掘技术也得到了很大的提高，对于空间上存在的不确定性决定空间数据的挖掘还需要不断地深入。针对空间数据的挖掘特征与要求、现状的前提下，对空间数据的挖掘今后会是一个全面的发展领域。对空间数据的挖掘主要的目标就是有助于人们更加全面、详细、完整地了解社会的发展、环境的问题等，还可以帮助人们提高自己的知识面。总的来说大数据时代下的空间数据挖掘技术发展的重要目的就是为人类社会更好地发展。

随着目前数据信息时代的发展，对于大数据的应用为人们的生活带来了很大的便利，推动了人类的不断发展。在世界逐渐的全球变化中需要分工协作与业务的综合效率。对于大数据时代的空间数据的挖掘需要我们更加深入地研究与分析，不断地使用先进的挖掘技术将更多的空间数据进行有效地发现。大数据技术的高速发展也为社会的发展带来了很大的机遇，它促进了市场的全面发展与产业的不断正规，对以后社会的变化具有重要的影响。

第二章 全域旅游

第一节 全域旅游：概念的发展与理性反思

对全域及全域旅游概念的起源、演变进行梳理与反思，对于全面理解全域旅游的概念内涵及发展策略具有重要意义。可从学术概念、发展理念、行动策略三个层面去理解或践行全域旅游，学术概念的再生产主体主要是学界，发展理念的再生产主要在政界和学界，行动策略的再生产主要在政界和业界。从全域旅游的倡导主体、发展主体、受益主体的多重主体审视阈下，全域旅游重点需要解决四个方面的问题：目的地问题、制度问题、产业问题、人的问题。

在当代中国旅游发展过程中，从未有过像"全域旅游"这样的概念，能够超越旅游产业话语空间，在公共话语空间迅速流传，成为社会热词并进入当年的政府工作报告，引起学界、业界、政界的广泛讨论。全域发展的理念源于城乡统筹发展，从城市规划领域渗透到旅游规划和旅游产业发展实践。作为一个与空间密切相关的产业，旅游场域中的全域概念发生了复杂的意义扩展，由此也产生了概念泛化、边界模糊等问题。加之全域旅游的概念生成和发展实践过程中，政治动员和行政力量起到了主导作用，学术界对其缺乏深入思考，导致该理念在产业实践应用过程中出现一些问题。因此，有必要对全域旅游的概念演变、产业实践进行系统梳理和反思，以期更好地指导旅游发展实践。

一、"全域旅游"：概念的起源

"域"字在汉语中历史悠久，"域"本作"或"，与"国"同义，"或"字在甲骨文中已出现，指邦国。"域"字最初的含义指邦国疆域、区域空间，后延伸至抽象范围。近代，"全域"一词最早出现在 19 世纪末期明治维新之后的日本，至 20 世纪上半叶，"全域"一词已经在日语中广泛使用，意为"整个地区"或"整个领域"。在中文学术界，"全域"一词最早出现在 20 世纪 30 年代的地理学领域，后拓展至其他自然科学领域，表示实在或抽象的范围、范畴。

"全域"作为一种发展理念，是新事物，最早出现在城乡规划领域。2007 年，以"全国统筹城乡配套改革实验区"的批复为契机，成都市在国内率先提出了"全域规划"的规划理念，以促进城市与乡村统筹发展，并提出开发建设若干旅游带以推动"全域成都"建设，这是"旅游"和"全域"在区域发展规划中首次"概念共现"。2008 年颁布的《中华人民共和国城乡规划法》将乡村区域纳入法定规划范畴，"全域"一词成为城乡规划和发展领域的热词，冠之以"全域"的新概念不断出现，相关研究的数量增长迅速。由此看出，城乡规划和发展领域的"全域"概念更多指向对城乡二元发展结构的突破，意味着将原本属于规划"法外"、发展"边缘"的乡村地区纳入主体发展空间领域。

虽然早在 20 世纪 80 年代末 90 年代初，桂林市、张家界市、海南省等地就提出了"大旅游"的发展理念，但明确提出"全域旅游"一词并作为区域旅游发展理念则是 21 世纪，规划机构在旅游规划编制实践中率先提出"全域旅游""全域度假""全城旅游"等规划概念。与此同时，一些地方政府也开始提出将"全域旅游"作为发展理念。2009 年，四川省巴中市明确提出了"全域旅游"的发展理念，将旅游业作为国民经济和社会发展的主导产业进行全域旅游化发展。2010 年，辽宁省大连市在全域城市化的背景下正式提出全域旅游发展战略，将旅游业视为城镇化的重要推力。2011 年至 2012 年，湖北十堰、浙江桐庐、山东烟台、陕西商南、四川甘孜和泸州等地也纷纷提出要发展全域旅游。2013 年至 2014 年，不少省市开始试点探索全域旅游发展的实施路径，将发展理念进一步具体化为行动策略和产业实践。山东省在旅游综合改革的基础上开展省级"全域化旅游改革试点"创建工作；桐庐被列为浙江全省首个全域旅游专项改革试点县。

早在 2003 年至 2010 年，学界已有论文论及"全域化""全域度假""全域旅游"，但多是提及概念，并未做深入分析探讨。2010 年以后，以胡晓苒，厉新建、张凌云和崔莉，吕俊芳等为代表，学界开始从概念内涵方面探讨全域旅游，相关研究在 2015 年以后形成井喷之势。2015 年 9 月原国家旅游局（现已与文化部合并成为文化与旅游部）正式启动了"国家全域旅游示范区"创建工作。2016 年初，国家旅游局局长李金早早在海口市召开的全国旅游工作会议（下文简称"海口工作会议"）上，做《从景点旅游走向全域旅游，努力开创我国"十三五"旅游发展新局面》的主题报告并对"全域旅游"高度评价，引起业界和学界的高度关注。2016 年 7 月，习近平总书记到宁夏视察时指出："发展全域旅游，路子是对的，要坚持走下去。"2017 年 3 月，全域旅游被列入政府工作报告并成为重点工作任务之一。由此，全域旅游一词完成了由规划概念到产业政策，由部门倡导到国家战略的转变。

二、"全域旅游"：概念的演变与讨论

纵观学界对"全域旅游"的讨论，相关概念提出较早，但系统性的深入讨论起步较晚；成果数量多但高质量的研究较少，CNKI 数据库中有关全域旅游的期刊论文数量高达 817 篇，但发表在北大核心和 CSSCI 期刊上的只有 63 篇，仅占总数的 7.7%；学理性的概念内涵探讨少，应用性的政策解读、产业实践讨论多。诚如米歇尔·福柯所说："权

力制造知识，知识巩固权力。"作为一门新兴的应用导向学科，旅游学科的研究往往落后于产业实践，受制于政治权力的牵引也特别明显，全域旅游的实践和理论发展即是一个典型案例。全域旅游概念虽源于产业实践和学术研究，但在公共话语空间的流行却主要是行政动员主导的结果。考虑到原国家旅游局相关文件及李金早局长讲话对学界、业界的巨大影响，把有关全域旅游的讨论和研究划分为概念的"学界探索"阶段和概念的"政府推动"阶段。

（一）概念的"学术探索"阶段：学界的思考

学界早期在旅游规划和产业发展实践的基础上提出了"全域化""全域度假"等概念，如：王德刚提出的全域化旅游发展模式；杨振之和李枫提出的"全域度假"发展模式；李柏槐提出的"全域景区"模式；张文磊和周忠发提出的"全域体验"开发模式等。上述概念多未进行深入的理论分析和系统性的概念建构，后续反响不大。2010年，胡晓苒正式提出全域旅游的概念，指出全域旅游"核心是通过对资源重新整合，在空间板块上形成不同特色的旅游产品或业态集群，打破都市（或单一景区）旅游一枝独秀的接待格局"。厉新建、张凌云和崔莉提出了全域旅游的定义："各行业积极融入其中，各部门齐抓共管，全城居民共同参与，充分利用目的地全部的吸引物要素，为前来旅游的游客提供全过程、全时空的体验产品，从而全面地满足游客的全方位体验需求"，并认为全域旅游理念的核心是"四新"，要通过"八全"来落实。吕俊芳也提出了全域旅游的定义，并认为全域旅游就是全部区域一体化发展旅游。上述三个定义对后续研究产生了很大影响。此外，杨振之、魏小安、汤少忠等人也提出了对全域旅游的思考观点。研究者普遍认为全域旅游是新的区域旅游发展理念，是"全新旅游概念""为县域旅游的发展提供新的理念指导""是我国西部旅游资源丰富、生态环境敏感地区一种较适宜的发展模式"，并结合具体案例地进行发展构想分析。这一时期的概念发展处于探索阶段，对全域概念的理解呈现多元化特点，一些衍生概念如全域乡村旅游也不断出现。一些学者提出了学理性强、分析系统的概念定义，但部分定义内涵泛化，对全域的理解，不仅过分求"全"，把相关产业发展要素、影响因素、发展效益全部涵盖，更把"域"从空间无限扩展到时间、消费、产业、社会等诸多范畴，对后续研究造成了影响。

（二）概念的"政府推动"阶段：学界的解读

2016年1月，李金早在海口工作会议上正式提出了全域旅游的"官方定义"。"全域旅游是指在一定区域内，以旅游业为优势产业，通过对区域内经济社会资源尤其是旅游资源、相关产业、生态环境、公共服务、体制机制、政策法规、文明素质等进行全方位、系统化地优化提升，实现区域资源有机整合、产业融合发展、社会共建共享，以旅游业带动和促进经济社会协调发展的一种新的区域协调发展理念和模式"。这个定义把全域视为一种发展理念，并具有实践的潜力和动能，能形成一种现实性的发展"模式"。随后，《旅游学刊》组织了一次关于全域旅游的笔谈，围绕李金早的讲话就全域旅游的概念内涵和发展策略进行了讨论。此次讨论展现出一种多元化的学术发声，主要争议集中在以下几个方面：①"全域"的概念指向和边界是什么？部分学者持系统、泛化的观点，认为全域旅游作为一种发展理念，要具有全域资源观、全域产业观、全域产品观、全域市场观等新思维，要发展全时、全景、全民、全业的大旅游业；也有人冷静地指出"过度解读和教条式地解读全域旅游概念，抓住'全'字不放"，是一种违反理论常识和产业实践的乌托邦式认识误区。②全域旅游的推进主体是政府还是市场？部分学者认为全域旅游发展的关键在于政府主导推进，特别是要推进旅游行政体制改革，实现党政一把手统筹，但也有不少学者对当前全域旅游创建工作中的行政思维进行了批评，如"是否适合做全域旅游是政府说了算还是市场说了算"。③全域旅游的实现路径在哪里？学者们提出了产业升级、体制改革、空间扩散、景区建设、产业融合、示范带动、科技创新等众多观点。在产业实践层面，学者们批评较多的是全域旅游创建过程中，在大家没有搞清楚全域旅游的概念、没弄清楚全域旅游到底要做什么的情况下就不顾地方实际情况，根据一刀切的评分标准，一窝蜂地跟风创建，用行政力量动用社会资源盲目规划、建设。这一次的讨论并没有批判性地发展概念，只是围绕着现有"政治性"概念去进行解读和反思，但对后续的产业实践产生了一定影响，如2017年出台的《全域旅游示范区创建工作导则》回避制订具体的评分标准，创建目标和创建任务有一定降低、压缩。除了影响较大的上述"笔谈"系列文章外，还有大量文献涌现，但很少再有研究对全域旅游的概念进行学术定义，绝大部分研究都是对官方定义的解读，如研究特定区域全域旅游的实现路径、产业融合、开发战略或策略，或研究全域旅游与供给侧改革、乡村振兴、特色小镇等热点议题的关系，或研究全域旅游作为新的发展政策背景下特定旅游地、特定类型旅游的发展问题。这一阶段，学术界的概念知识生产处于停滞状态，一方面学界对官方定义的解读多，反思少，未能进一步深化全域旅游的学术内涵；另一方面，面对如火如荼的全域旅游示范区建设实践，学界未能在概念内涵方面及时进行总结提升，对全域旅游发展中出现的问题的反思总结也较少。当前，有关全域旅游的学术讨论仍在持续、深入地进行中。2018年初，《旅游导刊》在"观点与争鸣"栏目新推出了一组有关"全域旅游"的评论性文章，在"新时代"背景下，对全域旅游的概念内涵进行了系统梳理，反思全域旅游发展的诸多误区，指出发展全域旅游在纾解新时代旅游主要矛盾中的重要作用。

三、从多重层面和立场理解"全域旅游"

（一）作为学术概念、发展理念、行动策略的全域旅游

可以从学术概念、发展理念、行动策略三个层面去理解全域旅游。学术概念的再生产主体主要是学界，发展理念的再生产主要在政界和学界，行动策略的再生产主要在政界和业界。全域旅游既是一个发展形成中的学术概念，也是一个不断完善的发展理念，更是一个不断变化的行动策略。

1. 作为学术概念的全域旅游

自然科学的概念形成源于对客观实在的观察和实验，而社会科学的概念形成往往源于作为实践主体的人的能动性、创造性活动，学术界的知识生产和概念生成往往滞后于生产实践，学术概念的意义承载内容也往往随着实践的变化而发展。全域旅游作为一个形成中的学术概念，源于旅游规划和产业发展的实践，若形成真正意义上的学术概念，必须具备以下条件：①在特定时空和社会历史情境下，具备特定共识性、共享性的意义内涵，其意义承载具有暂时的确定性和边界性。②这种意义承载具有一定的前瞻性和能动性，能为产业实践和发展管理指明理念性方向。③概念具有学术再生产的潜力，并对相关知识生产领域有溢出和贡献。④概念及其意义的再生产具有一定超脱性，秉承特定价值立场，超脱于政治权力和资本力量，进行客观分析、评价、预测；特定的价值立场既非政府立场也非资本立场，应站在作为发展主体"人"的立场，这里的人具有多重含义，主要包括游客、目的地居民、旅游从业者等，并采取"协商"的策略，兼顾各方的利益诉求。由此看来，全域旅游目前还不是一个成熟的学术概念：首先，表现在"全域"指向不明确，符号意义增殖无边界，学界远未达成共识；其次，学界缺乏批判意识，未能在 2016 年的海口工作会议和产业实践之后发展出更好地学理性新阐释；再次，尚不清晰的概念不能为实践提供有效指导，导致全域旅游发展在具体操作层面问题较多。

2. 作为发展理念的全域旅游

作为发展理念的全域旅游，更多是对国家层面的发展理念在旅游领域的具体响应，是"五位一体""四个全面""创新、协调、绿色、开放、共享"发展理念在旅游领域的运用落实和再创造。作为发展理念的全域旅游最早来源于地方旅游行政部门的产业管理实践，并由善于捕捉新热点和制造新符号的商业性规划机构所再生产，之后是学界的初步提炼总结，最终上升至国家层面。全域旅游正式被官方提出的伊始，被给予多重的发展期许，"充分发挥旅游带动作用""建立大旅游综合协调管理体制""与其他产业深度融合""全面共建共享全域旅游"，这实际上已远非单一旅游部门力所能及。

3. 作为行动策略的全域旅游

全域旅游在执行和行动层面往往与前两个层面出现偏差，学术概念往往是一种思维分类建构的结果，亦类似于马克思·韦伯所说的理想类型，对现实具有超越性；发展理念勾勒出的愿景蓝图和发展路径亦具有一定的乌托邦理想化属性，而行动策略则往往受制于现实的权力结构和产业现状。产业发展、产业管理的能力往往受制于行业管理部门在国家权力结构中的地位。很显然，旅游行业管理部门在政府的权力序列之中处于较低地位，这与旅游业的产业规模和地位并不匹配，限制了全域旅游在行动策略层面的具体实践。比较 2016 年海口工作会议和 2017 年的《全域旅游示范区创建工作导则》可以看出，前者偏重发展理念，后者则是行动策略，李金早的讲话勾勒出的全域旅游蓝图是全方位的，力图通过旅游产业带动整个区域社会经济发展。但全域旅游实际运作层面则会面临地方发展战略更改、部门协作和利益妥协乃至更深层次的治理体制和法律体系变革等问题。因此，落实到地方政府和旅游行政部门具体操作的"创建工作导则"，选择了现实理性的收缩策略，主要的行动策略都回归到在现有政府治理架构下旅游行政部门能实际操作的部分，行动的目标回落在旅游产业自身层面——"努力实现旅游业现代化、集约化、品质化、国际化，最大限度满足大众旅游时代人民群众消费需求的发展新模式"，较少提及旅游业对整个社会经济和区域的引领和带动。对于跨部门的行动策略，原国家旅游局只能通过文件影响地方政府层面，"从部门行为向党政统筹推荐转变"，但这缺乏实质性的操作执行力。

（二）多重主体视阈下的全域旅游

1. 从全域旅游的倡导主体去理解全域旅游

全域旅游的倡导主体是原国家旅游局、重视旅游发展的地方政府、各级旅游行政主管部门。原国家旅游局希望以全域旅游为抓手推进产业发展，提升产业管控能力，这折射出现代国家"治理术"在旅游领域的延伸和渗透。从早年邓小平提出"旅游事业大有文章可做""旅游业要变成综合性的行业"，到中央政府（1981年第一次全国旅游工作会议）认为"旅游事业是一项综合性的经济事业，是国民经济的一个组成部分，是关系国计民生的一项不可缺少的事业"，并成立国家旅游局，从旅游业作为第三产业的重点（1992年《中共中央国务院关于加快发展第三产业的决定》），到成为"国民经济新的增长点（1998年中央经济工作会议）""树立大旅游观念"（国发〔2001〕9号文件），再到"战略性支柱产业""人民群众更加满意的现代服务业"（国发〔2009〕41号文件），直至全域旅游发展理念最终出现，这是旅游在国民经济和国家治理体系中地位不断提高的必然结果。旅游不单纯是创汇、促进经济发展的经济手段，更是带动社会整体发展、提高人民生活和幸福指数的重要方式。对关涉人口发展和暂时性迁移的旅游活动和旅游业，国家通过全方位的治理策略和把控措施，不但实现对宏大、抽象产业的强化控制，从旅游产业延伸到相关产业发展和社会再生产的方方面面，而且实现了通过旅游对涉及旅游业、旅游活动的个体本身及其生活方方面面的渗透性治理。"全面共建共享的全域旅游"，对于目的地居民是"全域旅游模式下，整个区域的居民都是服务者……受益者"，对于游客是"切实满足不断增长的旅游需求""让游客满意"。从中国旅游业多年发展的实践情况来看，发展旅游业也的确成为发展主义导向下一种较为有效地治理术，全域旅游则是朝着更理性、更深层的治理迈进。对政府而言，全域旅游是一种现代治理术策略，但其主要的执行者（地方政府和旅游行政主管部门）却在现有体制下（"小马拉大车"是形象的说法）难以施展拳脚。因此，机制体制创新和现代旅游治理体系的建立，是全域旅游发展的关键问题。

2. 从全域旅游的发展主体去理解全域旅游

从空间的视角来看，全域旅游的发展主体是具备一定空间尺度的旅游目的地，发展全域旅游的核心任务依旧是建设高品质的旅游目的地。《全域旅游示范区创建工作导则》认为，全域旅游的实施主体包括省、市和县，但实际上县级行政单位才是最佳的实施主体。

"郡县治则天下安"，在中国的国家政权结构中，县域是承上启下的关键环节。在县域发展战略中，作为富民产业的旅游业很容易进入党政一把手的决策视野并成为地方政府的发展战略。在地方治理体系中，县一级的行政单位更便于行政协作、统筹管理综合性的旅游产业。在旅游行政体系中，县一级的旅游管理部门是最基层的产业治理机关，能对一线旅游企业和产业活动进行直接有效地管理。从产业空间扩散的角度看，发展全域旅游依然是解决目的地内部点、线、面的老问题，但这种老问题需要新理念和新思路去解决。点是旅游吸引物，特别是旅游景区；线是产业发展的轴带，特别是旅游交通干线；面是目的地的社会经济大背景和旅游大环境，特别是产业发展环境和旅游活动环境。目的地发展全域旅游的关键依然在于高品质景区的建设，景区始终是旅游吸引物体系的核心，具备旅游发展基础或潜力的城镇和村落也应朝着旅游中心地、特色旅游小镇、特色旅游村落的目标发展，这两类吸引物构成旅游空间生产中的产业集聚区、增长极（点），是产业空间全域扩散的源头。产业增长极（点）朝外部扩散必须通过顺畅的网络化旅游廊道才能实现，这里的旅游廊道是广义的，不仅包括交通网络，还包括凭借大数据、物联网构建的信息、物质流动网络，由此才能实现旅游流的快聚快散、产业要素的快速扩散。在全域旅游背景下，"面"的发展绝非"全域景区化"，而是提升旅游者所面对的旅游生态环境、景观环境、设施环境、服务环境，通过旅游发展提升目的地整体的生态环境、社会环境和人居环境。

3. 从全域旅游的受益主体去理解全域旅游

作为一种区域发展理念，全域旅游的发展主体是区域和产业，而区域、产业发展的终极目标还是要落在作为受益主体的人身上。受益主体主要包括两类人：旅游者是产业服务的对象，发展全域旅游，要为旅游者提供更优质的旅游服务，提高旅游者的满意度，使旅游成为提升生活品质的重要途径，提高旅游者的幸福感；目的地居民是旅游资源的主要权益人，旅游服务的重要供给者，是目的地发展的终极性受益主体。旧的发展观片面地追求产业效益、经济发展，新的发展观要实现价值理性的真正回归，指向作为个体的"人"的存在意义及其幸福感。改革开放之后，旅游业发展总体取向是把旅游业作为发展经济的手段，把游客作为发展产业的手段。在全域时代，产业增效的工具和指标不单是旅游者规模和旅游满意度，产业发展目标不再仅仅是抽象的统计指标，而是通过已经普遍化的、成为普通人生活方式的旅游活动来提高生活质量，提升幸福感和获得感。目前学术界对全域旅游发展中旅游供给品质提升、旅游产品业态升级等问题的认识，依旧普遍停留在工具理性层面，难以捕捉到新时代旅游者真正的旅游需求，无法指明前瞻性的业态演进方向。目的地居民的发展受益问题备受关注，社区旅游、旅游扶贫、旅游增收等议题是学界长期关注的热点。对居民参与旅游发展和受益的问题，不能只停留在概念层面，关键在于清除资源、土地产权等制度性障碍，实现社区发展赋权，只有实现参与发展的顺畅才能确保受益的通达，真正实现"全民参与共建共享"。

四、全域旅游：概念和实践的理性反思

通过对全域旅游概念的理性思考，笔者认为，全域旅游作为演变中的学术概念理应有其存在、发展的价值，但必须对其进行批判性的反思。笔者认为，全域旅游是一种新的旅游发展理念，其核心内容包括：以区域旅游地为空间载体，以高品质旅游吸引物体系建设为核心，通过产业集聚和空间扩散，最终建设成为综合型旅游目的地；以优质的区域旅游整体环境构建为基础，着力提升优化产业发展环境、游客旅游环境、居民生活环境，最终建设成为宜居宜游宜业的空间区域；以旅游为主导产业，通过旅游带动相关产业融合发展，最终通过旅游带动区域整体协调发展。全域旅游的终极目标是通过旅游活动和旅游产业提升游客和居民的生活品质和幸福感，使旅游成为通向美好生活的重要途径。在旅游资源丰富、产业基础扎实、旅游业是当地的潜力或优势产业的区域，全域旅游可成为优先考虑的区域发展模式。全域旅游，对旅游目的地而言，是通过整合发展资源、提升产业发展水平和结构、发挥产业集聚和扩散效应，更好地发挥旅游业的带动作用；对政府而言，是树立全新的发展理念，以产业发展质量、游客旅游质量和居民生活质量的提升而彰显其治理艺术，其关键在于体制改革；对旅游者而言，意味着优质旅游，是一种更好地生活方式，是提升幸福感的重要途径；对目的地居民而言，意味着更好地参与发展和从中受益。针对目前全域旅游概念解读过程中出现的泛化趋势，笔者认为，对全域的理解固然是仁者见仁智者见智，但作为学术概念必须有其明确的基石和边界，对"域"的理解要立足于"空间"，理论基础应依托经济地理、产业经济、旅游规划等学科。全域景区化建设既不符合空间差异原理也不现实；不解决好点和核心的问题空谈全域发展，不符合区域发展原理，脱离景区建设的全域旅游发展无从谈起；至于产业域、管理域甚至时间域等，最终依然是通过"空间"这个载体来体现或实现的。对"全"的理解，应该回归到发展的终极价值目标上，即更多的人通过旅游获得存在感和幸福感的全面提升，至于所谓的全要素、全市场、全地域……抑或全时、全业、全景……都只是作为一种工具策略为这一根本性的目标服务。

通过学术性的概念厘清，结合全域旅游在实践层面的发展可以看出，发展全域旅游关键性的问题依然在于现有机制体制的创新，在目的地的运行层面，关键在于因地制宜。发展全域旅游需要重点解决四大方面的问题：目的地问题、制度问题、产业问题、人的问题。目的地的问题，首先是当地是否适合发展旅游、发展全域旅游的问题，其次才是如何发展的问题。针对目前创建过程中，各地"运动式""一窝蜂"创建的现象，有必要指出不是所有地方都适合或有条件发展全域旅游。有两类区域可将全域旅游作为本区域的主要发展模式：一类是旅游产业发展底子好，旅游业已经成为当地的支柱产业或优势产业的县市，主要集中在我国中东部的一些旅游县市和西部发展较早较好的县市，如浙江的淳安和桐庐、广西阳朔、云南丽江、湖南张家界等，这类县市可在近期全力建设发展全域旅游；另一类是生态环境优良、文化资源丰富，而且不适宜发展现代工业的"限制开发区域（重点生态

功能区）"（如一些山地区域或少数民族集聚区），这些区域往往生态环境良好、传统文化保持较好，不但适合发展旅游，而且只能发展和旅游高度相关的农、林、服务产业，具有发展全域旅游的天然优势，部分此类县市的旅游业已具备一定基础，如广西龙胜各族自治县、贵州黎平，更多的仍处于起步阶段，可将全域旅游作为中远期的发展目标。在更大背景的政治体系下，全域旅游的发展对制度依赖性较大，通过党政一把手主抓，旅游管理部门权力适度扩展，完善旅游法律法规体系，建立旅游现代治理体系，全域旅游的发展才能获得根本性的制度保障。全域旅游的发展理念提出以后，全国已有25个省（区、市）成立了旅游发展委员会，北京、福建、广西等九省（区、市）全面实现省（区）市（区）两级旅游局改为旅游发展委员会。出于产业发展、部门治理权和话语权的扩张需要，旅游业的带动、融合能力常常是被夸大的。发展全域旅游，特定目的地的产业发展和融合能力，取决于当地的资源禀赋、产业基础、产业政策等方面，旅游业首先必须提高自身的产业能力和结构水平，才有带动、融合相关产业的可能性，在解决自身旅游吸引物体系、交通体系、服务体系、营销体系、管理体系问题的同时，积极探索与相关产业以及环境保护、社会发展的互动路径，而非一味地空谈带动。人的问题是根本性问题，对于社区居民，需要创新性地解决旅游资源、旅游土地的产权和经营权的问题，设计好居民参与旅游发展、公平获益的机制和模式，协调好旅游发展与文化传承、生态保护等方面的关系，使居民通过旅游在经济方面获益，人居环境得以改善，文化得以保护传承。对于旅游者而言，要大力整顿优化旅游消费环境，依法保障消费者的基本权益，创新旅游目的地的服务供给模式，提高旅游目的地的公共服务供给能力，提升游客体验质量。

总之，全域旅游首先是一种发展理念，最终要通过产业实践进行落实。作为学术概念的全域旅游则是从学术立场，对理念和实践进行批判性总结。学术为实践服务，但知识生产和抵达真理的路径须对资本和权力保持相对独立。学界今后应该密切关注以全域旅游示范区创建活动为代表的发展实践，并及时总结提炼，对政治话语的文本口号和资本话语的概念符号，更应及时反思、对话，着重对全域旅游的概念内涵、发展模式、建设路径等方面进行学理性的建构，以期更好地指导产业实践。

第二节　全域旅游研究进展

通过对中国期刊全文数据库期刊收录的关于全域旅游文献进行梳理，运用cites pace软件进行关键词分析，总结目前全域旅游的理论研究、实践研究、其他视角研究，并指出未来全域旅游的研究趋势。发展历程方面，国内全域旅游发展分为萌芽阶段、发展阶段和井喷阶段。研究视角方面，全域旅游理论研究集中在发展理念、实现路径、发展趋势、法治保障等方面；全域旅游的实践研究主要是对区域规划与建设、产业结构、示范区建设等方面的指导；全域旅游其他视角的研究，如旅游教育、智慧旅游、特色小镇、供给侧改革、乡村旅游、精准扶贫等方面。研究区域集中在海南省、浙江省、江苏省、贵州省等。通过文献梳理发现，定性与定量相结合、全域旅游与专题相结合、全域旅游与产业细分相结合等方向会成为未来全域旅游研究的重点。

目前，我国正处于经济发展的关键时期，处于全面建成小康社会的决胜期，旅游业作为新常态背景下经济发展的重要引擎，它的发展方向、发展速度对经济增长有着重要的影响力。全面小康的建成标准之一是城镇化率达到50%，全域旅游是城镇化建设的重要推手，也有利于全面小康目标的顺利实现。综合各方面因素，国家旅游局提出全域旅游的发展思路。全域旅游是适应新时代要求的旅游发展方式，能缩小城乡经济之间差距，并使旅游资源发挥最大的效益，提高旅游品质和服务质量，推动基础设施建设，助力全面小康的实现。全域旅游是一种合作化的旅游发展方式，可实现各部门、各单位、各行业的联动发展，减少旅游发展的障碍和壁垒，形成团结协作的旅游发展链条，能够实现社会、经济、环境的和谐发展，有利于和谐社会的构建，也能促进我国旅游业发展迈入下一阶段。目前，学术界对全域旅游的研究如火如荼，涉及多个方面，对研究进行梳理有利于发现全域旅游发展中存在的问题，为旅游发展提供更好地方向和路径。

一、数据来源与处理

本研究主要以同方知网（北京）技术有限公司出品的"中国知网"（CNKI）为检索平台，以"全域旅游"为主题，高级检索得到2011—2017年期刊论文1167篇。在此基础上，剔出与本次研究偏离程度较高、重复的论文，最后整理得到与"全域旅游"相关的期刊论文607篇。之后运用Cites pace软件对文献进行关键词分析，归纳总结中国全域旅游理论研究领域内研究成果数量、研究集中主题、研究区域等各方面情况，为全域旅游未来研究与发展提供重要参考。

二、关键词分析

论文的核心观点体现在关键词，是论文主题的高度概括，因此对文献关键词的分析，有助于挖掘某一领域的研究热点。使用Cite Space对研究对象的关键词进行分析，将文献数据导入Cite Space软件中，设置时间跨度为2011—2017年，单个时间分区长度为1a；聚类词来源为标题（title）、摘要（abstract）、作者关键词（author keywords）和增补关键词（keywords plus）；聚类词库选择为突现词（burst terms）；节点类型为关键词（keyword），提取每个时区中被引频次最高的50个关键词，最大的关键节点是"全域旅游"，涉及旅游产业的多个方面，重要的节点有"旅游产业""精准扶贫""区域旅游""旅游发展模式""旅游目的地"等，通过研读重要节点所对应的相关文献发现，全域旅游发展模式的研究是近年来的研究热点，其研究重点在发展现状、发展对策、发展理念等，其次是全域旅游所涉及的区域旅游，研究重点在海南省、浙江省、宁夏等地区。可见，全域旅游研究视角趋于多元化。

三、发展历程

通过对相关研究文献的梳理，可以得出结论，以 2015 年为节点，2011—2015 年发表在期刊的全域旅游论文总数偏少仅有 25 篇，而 2015—2017 年总数呈大幅度增加趋势，尤其是 2016 年与 2015 年相比，发表论文数量差距 188 篇。至 2017 年，全域旅游研究热度只增不减，而且仍有大幅度增长的趋势，说明对全域旅游的研究仍是学界未来的关注点。

依据文献数量结合全域旅游发展现状，可以把国内全域旅游研究分为萌芽阶段、发展阶段、井喷阶段三个阶段。

（一）萌芽阶段

2013 年及以前，全域旅游研究均属于萌芽阶段，这一时期全域旅游研究数量较少，仅有五篇期刊论文发表，理论基础和研究内容较为浅显，出现了一些全域旅游启蒙思想，但是没有形成完整的理论体系。全域旅游最早的雏形是在 2008 年，浙江省绍兴市委市政府提出"全城旅游"发展战略。2009 年江苏省《昆山市旅游发展总体规划编修》提出"全域旅游，全景昆山"。2010 年，四川大邑县启动全域旅游休闲度假战略规划。2011 年《杭州市"十二五"旅游休闲业发展规划》中，创新性地提出旅游全域化战略；浙江桐庐提出全域旅游全新战略；《大连市旅游产业发展规划》以"全域旅游"推动"全域城镇化"的实施，探索旅游业作为一项战略性支柱产业，这些地区提出的全域旅游发展战略，共同引起了学者们的广泛关注。2012 年，四川甘孜州明确提出，实施全域旅游发展战略；山东一些县域将"全域旅游"确立为发展方向；湖南资兴市推进旅游业由"区域旅游"向"全域旅游"转变。2013 年，宁夏回族自治区明确提出要"发展全域旅游，创建全域旅游示范区（省），把全区作为一个旅游目的地打造"；与此同时，学者厉新建提出全域旅游目的地的概念：全域旅游目的地是旅游要素配置齐全，能充分满足旅游者体验的综合旅游目的地及开放旅游目的地，是一个可以充分调动资源，以综合创新为基础的，能完全满足需求的旅游目的地。该概念的提出使得学界对全域旅游有了一个比较全面的认识，为之后全域旅游的相关研究提供了重要的参考。

（二）发展阶段

2014—2015 年是全域旅游的发展阶段，在此期间，全域旅游期刊论文数量较之前有所增加，有 20 篇论文发表。各地开始意识到发展全域旅游的重要性，2014 年，山东省五个县市成为全域化旅游改革试点；河南省郑州市人民政府发布《关于加快全域旅游发展的意见》。2015 年，国家旅游局下发了《关于开展"国家全域旅游示范区"创建工作的通知》，并提出推进县域全域旅游发展。学界也开始将目光投向全域旅游研究，这个时期，全域旅游主要集中于指导乡村建设、县域经济发展方面，为旅游业发展提供一个新思路，但是并没有受到广泛的关注。

（三）井喷阶段

2016 年之后，全域旅游相关研究迅速增多，仅 2016 年就有 206 篇文章发表，2017 年 10 月 31 日，在知网上检索到全域旅游文献数量是 376 篇。该阶段，全域旅游的发展主要是受到政策导向作用的影响。2016 年，国家旅游局局长李金早在全国旅游工作会议上提出：我国旅游要从"景点旅游"向"全域旅游"转变。自此之后，全国各地纷纷响应号召，多部门联动制订多项政策来推动全域旅游的发展和实现。全域旅游的热度在国内只增不减，各地区、各部门都将全域旅游作为旅游业发展的方向和目标。2016 年 2 月和 11 月，国家旅游局先后公布了两批国家全域旅游示范区创建名单。全域旅游从学术、政策层面走向实践，我国旅游业的发展进入全域时代。绝大多数地区在全域旅游发展理念的引导下，旅游产业在地域范围、产业结构、发展模式等方面有了很大程度地改善。

四、文献述评

（一）全域旅游概念研究

全域旅游的概念一直都是学界的热门讨论话题，目前尚未形成统一的定论，笔者对现有的全域旅游文献进行梳理总结，认为当前主要有以下几种代表性的观点，如国家旅游局局长李金早认为全域旅游是以区域经济和社会资源为基础的，特别是旅游资源、相关产业、生态环境、公共服务、体制机制、政策规定、文明素质等进行全面、系统优化，实现区域资源的有机整合、产业整合、社会共享的发展，促进旅游经济社会发展及区域协调发展的新理念和新模式。该观点对全域旅游做了较全面的总结和介绍，受到大部分学者认同，并被较多的引用。杨振之指出全域旅游是在旅游资源优势区，通过旅游产业的主导，实现空间和产业层面生产要素的优化合理配置，旅游产业带动区域经济的整体发展，不断提升区域竞争力的创新发展形式。该概念认为全域旅游发展的途径就是通过旅游产业引导其他产业，实现共同发展。石培华强调全域旅游体现在五个"新"，即全域旅游是一种新模式新战略，是一种旅游目的地新形式和新品牌，是一种全新的综合改革平台和载体，是一个新的复合型空间，是新的发展趋势和方向。吴必虎提出全域旅游是贯彻五大理念即创新、协调、绿色、开放、共享的综合载体，同时五大理念也引领全域旅游发展。胡静认为全域旅游是打破行政边界的框架，将区域规划作为一个整体，是资源的整合、产品的丰富和社区参与、权力协调、产业链延伸的系统旅游，但不是旅游业优先于所有行业，也不意味着普遍参与。徐宏认为，全域旅游是指旅游时间延长，旅游空间拓宽，旅游服务丰富的旅游开发方式，是一种动态、立体、个性化的旅游开发。通过对学术界关于全域旅游概念的梳理，笔者认为，全域旅游是指旅游业突破行业间的壁垒，打破地区间的限制，带动其他相关产业的发展，从而实现旅游业地位的提升及区域内产业共同发展，是新时期的新型发展模式。

（二）全域旅游研究视角

全域旅游不仅是学术界的研究重点，也是政府、区域规划与发展、扶贫等多方面关注的要点，全域旅游关注的领域主要包括以下几个方面：

1. 全域旅游理论研究

全域旅游理论研究主要是在发展理念、发展模式、动力机制、实现路径、发展趋势、法治保障等方面的理论总结与创新。全域旅游理论的研究与建设使得全域旅游的发展有了更坚实的理论基础，何建民对全域旅游发展理念与模式及创新运用进行深入研究，并总结出五大特点与运用要求，他还指出全域旅游的实现存在一些问题，如：基础设施与旅游配套设施不完善，法治保障不健全，发展理念创新意识不足等问题。胡卫华通过对深圳大鹏新区的实证研究，总结出其发展全域旅游需要解决的五个问题。穆睿等通过对海南省全域旅游发展成功经验的总结，提出了全域旅游建设的可行性建议。对全域旅游理论的研究，有利于指导国内各城市结合自身条件、根据自身特点开展符合各自资源基础的全域旅游。从总体上归纳总结全域旅游理论体系，是对前人成果的整理与完善，也是未来学术研究需要深入挖掘并借鉴的重要基础。

2. 全域旅游实践研究

全域旅游作为具有统筹全局、引导协调作用的发展理念，对区域规划与建设、产业结构、示范区建设等方面都具有指导意义。全域旅游从整体的角度出发，将区域作为整体进行规划，进行全方位的统筹，各个环节紧密相连，保证规划的整体实施效果，推动区域内产业结构的优化升级，形成一体化的旅游品牌，促进区域的整体发展。同时，在全域旅游的背景下，全域旅游示范区的建设标准也在逐步通过实践得到完善。刘玉春通过对安徽省旌德县的实证研究发现全域旅游为县域经济的发展打开了一个突破口，全域旅游的实现有利于县域经济的整体发展。罗峰在全域旅游的时代要求下，结合杭州市旅游产业发展现状，为杭州市旅游产业的转型升级提出四条发展路径。龙明璐等对张家界永定区建设全域旅游的状况进行分析评价，认为其发展全域旅游的状况较好，并在现状的基础上提出优化完善策略。全域旅游理念的贯彻落实，引领着旅游业的整体发展，推动旅游公共服务体系建设，促进产业结构和产业内容的调整与丰富，为区域经济的发展提供了新的机遇，使区域规划与建设进入全方位、全部门的联动发展时期。

3. 全域旅游其他视角研究

一方面，全域旅游的研究涉及方方面面，除了理论及实践的研究，还有一些其他视角，如：旅游教育、智慧旅游、特色小镇、供给侧改革、政府角色乡村旅游、精准扶贫等方面。全域旅游是宏观上的指导理念，对旅游业发展提出了新要求，同样的，与旅游业相关的行业也应随之变化。例如学界关注到全域旅游对智慧旅游的影响，在全域旅游的信息化发展、全域宣传营销等方面展开了研究。再如全域旅游时代下，传统景区已不能满足旅游者的需求，旅游供给侧改革势在必行，对旅游供给的结构和数量进行调整，更贴切地迎合旅游者的需求，是全域旅游发展的要求；另一方面，政府在全域旅游发展过程中扮演着重要的角色，在决策、调控、营销等方面的主导作用应在全域旅游中得以全面发挥。除此之外，全域旅游对于乡村旅游、精准扶贫的发展与落实具有推动作用，在全域旅游的背景下，利用旅游业特有的带动效应，带动贫困的农村地区经济的发展，尽快脱贫，是实现全面小康社会的重要推动力。齐丹从全域旅游角度出发，对民族地区精准扶贫的模式进行研究，分析民族地区贫困的原因并提出全域旅游背景下的三条改善措施。孟秋莉等从全域旅游背景出发，提出乡村旅游产品体系构建与开发的"六全"化，并提出全域化的乡村观、产品观，为乡村旅游的全域化发展提供了一些指导性的建议。全域旅游的发展理念在各方面得以体现，全域旅游其他视角的研究为全域旅游的发展提供了全方位的借鉴和指导作用。

（三）全域旅游研究区域

全域旅游是国内旅游业进入新的发展时期应运而生的产物，全域旅游的推进不仅能促进旅游业的自身发展，还能带动相关产业协同发展，实现区域经济增长。但是全域旅游的实现也是需要一定的经济基础、资源禀赋、基础和配套设施及相应的文明旅游氛围。因此，对全域旅游的重点研究区域进行分析，不仅可以看出全域旅游的区域化特征，还可以为其他地区开展全域旅游提供借鉴作用。检索到的关于全域旅游文章中有 273 篇涉及各省市自治区的旅游发展，排名前十位的分别是：海南省、浙江省、贵州省、江苏省、湖南省、辽宁省、四川省、内蒙古自治区、京津冀地区、广西壮族自治区。不难发现，这些地区均是国内全域旅游开展较早的地区，对全域旅游的发展政策支持力度较大。除此之外，这些地区均具有旅游资源较丰富、旅游业发展较成熟的特点。由此可见，全域旅游的发展与区域的旅游资源禀赋、相关政策支持、经济发展条件是呈正相关态势的，如海南省的旅游资源丰富，旅游业发展在国内处于领先地位，因此其全域旅游发展的条件与基础较好。

五、全域旅游研究展望

通过对文献进行梳理，笔者发现目前全域旅游的研究集中在对区域规划、区域经济、区域旅游的指导作用方面。未来全域旅游的研究视角，将进一步得到拓展，将在宏观背景下进行微观研究，朝着细分的方向发展，着眼于某一模块进行，主要有以下几个特点：加强理论研究，如全域旅游的概念内涵、发展模式、发展理念等方面的探索，构建全面的全域旅游理论体系，并进一步用理论指导实践；在全域旅游背景下，与旅游相关行业中的酒店、旅行社等行业结合进行的研究；对全域旅游中政府、企业、旅游者影响力的研究；加强全域旅游与专题旅游结合的研究，如全域旅游与乡村旅游、休闲产业、红色旅游、体育旅游等的结合发展研究；全域旅游的研究会逐步将定性分析方法与定量分析方法结合应用，丰富研究方法，理论研究结合层次分析法、IPA 分析法、逐步回归法等方法进行；既要突破行政界线的框定，也要不局限于旅游资源优势明显的地区，逐步推广到其他地区，实现共同发展。国内全域旅游研究尚未形成规模和系统的理论体系，因此，对全域旅游的研究仍需学者们立足于全域旅游的实践来探索，需要学界的共同努力。

六、全域旅游发展的理论基础

协同理论。协同的概念很早就已经提出来了，在 20 世纪 70 年代左右，就有一部分学者对协同的概念进行了界定。它强调的不是整体与部分之间的结构，而是寻找一种最优的方式通过协作创造一个全新的有机整体。在全域旅游的推进过程中协同理论是必不可少的。

区域旅游理论。区域旅游是在中国旅游发展的历史中形成的，大体是在 20 世纪 80 年代中期提出的，区域旅游指的是在规定的区域内开展的旅游活动。对于旅游活动来说，它具有非常明显的地域特征。

区域旅游最明显的特征就是对整个区域内所有产业的整合，表现出明显的共生性、互补性和整体性。共生性是指区域内各个行业，例如，景区、酒店、休闲场所等彼此之间相互依存、各自发挥功能、共存共生、互惠互利，实现整体共同发展。互补性指的是区域内所有行业、资源等都能够对接在一起，在外力冲击的情况下，各资源和要素会重新调整整合，构成新的整体抵消外部力量的冲击。整体性又可以称为整体效应，同分散状态相比，子系统和各环节形成整体后它们的功能能够充分发挥出来，甚至超出自身能力的上限。区域旅游理论也是全域旅游建设中不可缺少的条件与前提。

可持续发展理论。挪威前首相 Gro Harlem Brundtland，最早提出了可持续性发展这一概念，认为可持续性发展不仅能够满足当代人的需求，同时还能为我们的后辈留下足够的资源以满足他们的需求。此后这一概念便开始受到世界各国学者、专家的广泛认可和重视。从可持续性发展概念的根源上来看，它表现出明显的整体性特征：整体和谐、重视协调、以平等为基础，注意当代资源开发的合理性，在不破坏环境的条件下满足当代人的合理要求，也存在一定的差异，我们应该根据不同地区发展实际情况来选择合适的道路从而实现多元化、多模式的发展。

七、全域旅游概念界定

目前，国内关于全域旅游概念的研究非常踊跃，可以说，全域旅游的热度从 2015 年持续至今，没有一点衰减的趋势。但由于全域旅游本身尚处于实践性探索阶段，因而，在全域旅游概念和内涵的界定上存在着分歧。

文化和旅游部李金早认为，全域旅游是指以旅游事业为主体，社会各个行业积极主动地融入其中，各部门齐抓共管，全民共同参与，最大限度地利用目的地吸引物要素，为游客提供全方位的体验产品，从而满足游客的各种合理需求。全域旅游不同于传统的旅游形式，它追求的不再是旅游人次的增长，而是旅游质量的提升，追求的是旅游对提高人类生活质量的意义。北京第二外国语学院厉新建教授对李金早定义的全域旅游概念持肯定的态度。学者吕俊芳认为，全域旅游是一种现代整体发展的观念，区域内各方面的产业都要为旅游业的发展提供服务，从而形成全域一体的旅游品牌形象。

综上所述，我们可以将全域旅游定义为：某一行政区域内或者某一地理板块和文化板块内，人类利用先进的发展理念，将旅游业作为主导产业，将整个区域内的各种资源整合在一起，并使社会全体成员共同参与，通过旅游业的发展带动本地区经济发展的一种全新的区域旅游发展理念。

八、全域旅游的提出

实践的产生。20世纪80年代我们还是小旅游的概念，基本上以观光旅游为主，重在入境旅游，所以当时的旅游基本局限在三个领域，即旅行社、饭店、交通，景区的重要性反而在其次，最大的两个制约因素是饭店和交通，这还属于小旅游的概念。到了20世纪90年代，中旅游的概念逐步形成，中旅游最突出的一点是景区发展，休闲兴起，乡村旅游、区域旅游开始发展，旅游范围扩大了，涵盖的内容增加，也是在此基础上，形成了旅游运营行、游、住、食、购、娱的六要素概念。进入20世纪，随着旅游中文化概念的突起，大旅游的概念逐渐形成，然后最近几年，我国又兴起了"全域旅游"的概念，我们也可以称其为"全景域旅游"或者"全景区旅游"，不管怎么提，随着时间的推移，人们对于旅游的认识越来越广，也越来越深，这是一个自然的过程。

理论的推进。随着实践的发展，理论一定会推进。经过学界各方面研究，深入论证，现在关于大旅游已经形成了丰富的理论成果，《广义旅游学》这是一个集大成的著作，把这些年来的实践和理论的思考浓缩到一起。实际上反过来说，广义就是全域，如果把《广义旅游学》这本书转换一下就是全域旅游学，这就是理论的推进，提供一个研究框架，也形成一个理论体系，客观来说也是一个指导体系。

发展的提升。"旅游+"的概念提出来之后，引发了一轮讨论热潮，有的人很赞成，有的人不赞成，笔者持中间态度，只要能推动发展就很好。这些年来，原国家旅游局的工作开创了新局面，具体如下。

第一，有大作为。从2015年年初提出"515战略"以来，原国家旅游局部署有了几十项工作，很多工作都正中社会热点，引发社会的关注。

第二，有所为，有所不为。如何借助政府各个方面的力量，如何在旅游发展中发挥市场的决定性作用，这就需要有所为有所不为。就整个行业来说，现在最大的问题不是稳增长的问题，而是调结构的问题，现在说旅游供给严重跟不上需求是不准确的，而是结构性短缺和结构性过剩同时存在。

第三，大有可为。如果探讨未来的发展，毫无疑问旅游发展大有可为。昆明机场到处都是旅游的广告，看着真是一个旅游目的地，成都机场很多都是房地产广告，但是有的房地产广告也打旅游牌。客观来说，旅游应该有它的地位，当前最重要的任务就是提高旅游发展的地位，所以在"旅游+"提出后、"全域旅游示范区"的概念提出后，得到了很多地区积极的响应。原国家旅游局的这一举措，对旅游新格局的变化具有重要推动作用。

2018年，国家统计局发布了《国家旅游及相关产业统计分类2018》，将旅游及相关产业分为9个大类，27个中类，65个小类，这与大旅游的发展是相对应的，同时也促进了全域旅游概念的形成。原来在国民经济行业分类里就没有旅游行业，这几年国务院出台了一系列的文件，2013年《旅游法》出台，2014年发布了31号文件，2015年又发布了62号文件，《国家旅游及相关产业的统计分类2018》确定了旅游业在国民经济行业中的重要地位，这是一件大事，随着这一分类的不断推进，全域旅游的概念会越来越让人信服。

九、全域旅游是未来旅游发展的大势所趋

全域旅游是大众旅游时代到来的必然要求。参照国际旅游的规律，2018年，我国度假旅游经济标准正处在由必需型消费向享受型消费的转型阶段，旅游既是高层次的精神需求，也是经济发展需求，旅游正日渐成为老百姓一种常态化的生活方式。2018年，我国国内旅游人数达55.39亿人次，出境旅游人数达1.4亿人次，年人均出游次数达到四次。旅游消费真正实现了全民普及，大众旅游时代已经开启。

如果没有旅游空间的支撑，现有的旅游景区很难实现大众旅游。在大众旅游时代，消费者的理念从传统的观光旅游，向着休闲旅游、度假旅游等旅游方式延伸。现有的旅游景区空间形态已很难满足休闲、度假旅游的需要。大众旅游的兴起，需要打破传统的景区空间格局，以旅游目的地为核心的空间系统正是全域旅游的空间表现形式。全域旅游是大众旅游时代发展的必然指向。

全域旅游是旅游需求多样化发展的必然产物。传统的观光旅游中，最重要的三个要素分别为：吃、住、游。团队旅游活动中"游"是整个旅游活动的重中之重，整个旅游活动都围绕"游"开展，而吃、住、行、购、娱等要素往往不太被重视，因此，我国旅游发展一直将景区、景点放在重要位置，而吃、住、行、购物、娱乐等要素作为一系列的内容存在建设不足的现状。由于旅游需求逐渐多样化，人们对旅游的质量要求也就越来越高，需要有新鲜的旅游发展理念和模式作为基础，显然全域旅游就是在这样的环境下发展起来的。全域旅游将旅游中的各个要素完整地呈现出来，对旅游产业链条具有贯通整合作用，能够有效满足旅游需求，是旅游需求多样化发展的必然产物。

全域旅游是我国旅游发展转型提质的重要途径。我国旅游活动在经过30多年的发展，已经由原来"观光旅游为主"阶段转向"观光旅游、休闲度假旅游并重"的阶段，而与旅游业相关的企业、市场、产品、管理建设等都基本上成型。但是，我国当前旅游业发展依旧存在或多或少的问题，全域旅游要求尽最大的能力发挥产业优势，通过对旅游资源及相关产业要素进行全面系统的提升，实现区域内资源的有机整合、产业融合发展、社会共建共享。这些都是对我国旅游发展现状中存在问题的反思和系统的总结，是我国旅游改革创

新、转型发展、提升质量的必然要求。

通俗地讲，全域旅游是全部区域一体化发展的旅游，打破景区与景区之间的界限，使区域的环境、交通、餐饮等各方面都服务于旅游发展大局，形成全域一体的旅游品牌形象。

第三节　全域旅游域结构的演化机理

一、全域旅游域结构演化的基础：结构复杂性

全域旅游域结构是一个复杂的结构系统，包含行为主体、要素主体、产业主体，这种复杂性不仅表现在它们是由大量数目的子系统构成，而且还表现在他们具有复杂的行为，各个子系统都有自己的特点和运行规律。从宏观上看，这些子系统服务于一些特定的目的，当初始的约束条件给定时，系统在没有外界干扰的情况下，各子系统能以自组织的方式进行，即子系统按照相互默契的某种规则，各尽其责而又协调地自动地形成有序结构。

二、全域旅游的自组织系统：来自产业子系统、政府子系统、社会组织子系统三者之间的协同发展

为了更好地进行研究，将全域旅游域结构概括为产业子系统、政府子系统和社会组织子系统三个子系统之间的自组织行为。

首先，全域旅游的核心是产业融合，以"旅游+"打造相互协同的产业集群，旅游业不再是一个单独的产业，而是综合了各个生产和消费环节的跨产业结构，除了包含传统的吃、住、行、游、购、娱，还关联农业、工业、交通、文化、房地产等多个行业，是以旅游为功能，统筹各个要素形成的产业综合体。

其次，全域旅游的概念本身就是由政府部门首先提出，并自上而下逐步实施，全域旅游不仅是旅游业的发展，也是以旅游业为核心的全产业的发展，从顶层设计到具体实施，都需要政府在政策、制度、财政、人力等各方面的支持。

最后，社会组织是全域旅游建设和成果分享的主体，在全域旅游概念的界定下，全域旅游的制订者、实施者、受益者不再只是旅游行政部门、旅游企业和旅游者，而是所有全域旅游的社会参与者，包括社区居民、相关产业从业人员等。

三、全域旅游域结构演化的基本定律：熵值定律

熵是一种反应事物混乱状态的参数，根据热力学第二定律，热量不能自发地从低温物体转移到高温物体，即能量并不是相互转换的，而是由一个物体向另一个物体沿着衰减的

方向进行不可逆的转化，表现为有序性减弱，无序性增强的熵增过程。全域旅游作为一个复杂系统，也存在熵增现象，表现为经过一段时间的高速发展，各产业内部缺乏创新机制，产能过剩；政府只关注经济增长，忽略了环境和社会效益；社区居民虽然从旅游经济的高速增长中获得收益，但是幸福感并没有得到同比增加。

从自组织理论角度出发，全域旅游域结构是典型的耗散结构，它是一个运行在远离平衡态的非线性开放系统，通过不断地与外界交换物质和能量，在系统内部某个参量的变化达到一定的阈值时，通过涨落，系统可能发生突变，由原来的混沌无序状态转变为一种在时间上、空间上或功能上的有序状态，终而实现产业、政府和社会组织的新的稳定和统一。

四、全域旅游域结构演化的前提条件：充分开放的系统

全域旅游域结构是由产业子系统、政府子系统、社会组织子系统三者相互作用所形成的耗散结构。在开放的条件下，全域旅游域结构内部熵值 dS 是由系统与外界的熵交换 deS 和系统内的熵产生 diS 两部分组成的，即：dS=deS+diS，热力学第二定律只要求系统内的熵产生非负，即 diS > =0，这说明无论产业、政府还是社会组织在发展一段时间后，其内部必然出现熵值增加而产生矛盾和紊乱的现象，如：产能过剩、政策的偏经济效益导向以及社区居民的无目的性生产，只有保证系统的充分开放，从外界给全域旅游注入外部熵值 deS，因为这个值可为正、零或负，在 deS < 0 的情况下，只要这个负熵流足够强，它除了抵消掉系统内部的熵产生 diS 外，还能使系统的总熵增量 dS 为负，从而使系统进入相对有序的状态，全域旅游中的产业、政府以及社会组织三者之间相互制约，相互影响，彼此作为其外界的熵负因素，保证 dS 的终值小于零，从而最终形成政府牵头、产业融合、社会组织积极参与的有序状态。

五、全域旅游域结构演化的序参量：创新机制

全域旅游的所有子系统在融合之初是一个远离平衡态的开放系统，远离平衡态不是不平衡，而是相对于平衡态和近平衡态而言的，当系统处于平衡态和近平衡态时，系统会自动恢复到稳定状态，这是量的变化，各个子系统从外界不断获得资金、人力、管理、科技等能量输入，同时输出产品、形象、经验、口碑，所有子系统之间的联系是非线性的，子系统总是存在自发的、无规则的独立运动，同时又受到其他子系统对它的共同作用，这些有规律的经济波动和无规律的随机扰动由两组控制参量所决定，即"快变量"和"慢变量"，而慢变量就是序参量，起到主导作用。随着控制参量的不断变化，当系统靠近临界点时，涨落就会出现，涨落是众多子系统的统计平均效应的反映，一般情况下，涨落相对于平均值是很小的，只是一个扰动项，就是偶尔有大的涨落也会被系统耗散掉，但是当这些扰动接近临界点时，这时系统的不稳定就会被放大，最后促使系统达到新的稳定态，即量变引起质变，系统的突变由此产生。全域旅游耗散结构的出现都是以这种临界点附近的突变方

式实现的，而促成突变的外部干扰因素是全域旅游的创新机制，包括理念创新、制度创新、服务创新、保障创新、技术创新等，这些都是全域旅游演化发展的核心序参量，当这些序参量促成全域旅游各个子系统内部发生深刻的变化时，就会产生系统的"巨涨落"，产业子系统、政府子系统、社会组织子系统将不再按照原有的发展模式进行，其中积蓄的不稳定性和不合理性被放大，最终从量变到质变，全域旅游随即开始以一种全新的发展思路、发展路径、发展模式进入下一个远离平衡态的非线性发展区域。

六、全域旅游域结构演化的动力：子系统之间的非线性相互作用

全域旅游产业、政府、社会组织三个子系统之间的演化路径依赖于他们之间的非线性相互作用，即 T=f(i，c，s)，在线性系统中，随着自变量 i、c、s 的变化，全域旅游域结构 T 作为一个整体，会随着自变量的变化而逐渐变化，而非线性系统中，当 i、c、s 发生变化时，T 本身有时对外界信号拒不理睬，有时又反应激烈，有时甚至会产生性质上的突变，进入耗散状态。

（一）产业与政府之间的非线性相关作用

全在域旅游耗散结构中，政府起到主导作用，但这种主导只是间接性的引导，主要体现在舆论引导、规划引导、秩序引导等方面，这些引导产生的积极效应需要经过时间的积累和验证，其发生的过程因为受到彼此间利益、产权等相关因素的影响，会出现不稳定的状态。经常性的问题是，政府在全域旅游政策推进的过程中，产业并不配合，政策制订到政策红利期间的时间成本、机会成本可能大于预期的经济效益，这就需要政府更加合理而创新性地制订有利于产业融合的政策和法规，充分发挥旅游业的带动作用，通过"旅游 +"和 "+ 旅游"进行双向产业融合。

（二）政府和社会组织之间的非线性相关作用

在传统的线性相关作用中，政府和社会组织之间的博弈主体是旅游部门、旅游企业和旅游者，他们直接相关，呈现持续的联动关系，而在全域旅游的耗散结构中，全员参与性是其显著特征，非线性相关的作用主体扩展至所有的部门和所有社会成员，他们既是全域旅游的服务者、参与者，也是受益者，这种创新的理念和机制全面激发了全域旅游结构由近平衡态的线性区域向远离平衡态的非线性区域转变，从而进入一个质变的发展阶段。

（三）产业和社会组织之间的非线性相关作用

全域旅游是要改变以单一旅游形态为主导的旅游产业结构，构建起以旅游产业为重心的复合型产业结构，其参与主体由原来的旅游组织扩展到相关产业组织、社会组织以及其他的功能型组织，对组织的管理也由以定居者为重心的空间行政管理体系向以移动者和定居者双向核心的组织管理体系转变，推动旅游业由产业管理逐渐过渡到社会管理，从而实现量变到质变的变化。

全域旅游"域"结构是一个由产业子系统、政府子系统、社会组织子系统构成的复杂的自组织系统，系统开放性是其演化的基本条件，在创新机制这个序参量的作用下，三个子系统之间发生持续的非线性相关作用，作用的结果是，全域旅游域结构在临界点发生突变，在熵值定律的作用下，形成耗散结构，全域旅游由原来的混沌无序状态转变为一种在时间上、空间上或功能上的有序状态，终而实现产业、政府和社会组织的新的稳定和统一。

第四节　全域旅游产业结构

本节从社会关系网络视角，将全域旅游的产业结构看作是一个由产业节点构成的社会关系网络，并借助弱连带优势理论研究网络中旅游产业和相关产业之间的强关系和弱关系，研究认为：首先，可以在强关系基础上开发弱关系，以增加强关系的深度；在强关系之外开发弱关系，以增加强关系的广度。其次，在全域旅游产业结构中，旅游业必须占据更多的结构洞，以便获得更大的信息优势。最后，通过选择关键初级联系人策略来构建效率更高的结构洞，以提高旅游业在全域旅游产业结构中的信息和控制利益，降低信息和控制成本。

一、社会关系网络视角下全域旅游的产业融合

全域旅游的根本目的是实现区域资源的有效整合，从产业角度来看，即实现产业融合，以旅游业带动和促进相关产业发展，利用"旅游+"战略，突破传统旅游业的各项要素，对传统旅游业进行升级改造，实现多元创新、融合发展，将旅游的功能渗透到各个产业领域。例如，上海市提出全域旅游产业发展的"1+10+n"的大旅游产业体系战略，即将旅游业与文化、商务、体育、工业、农业、科技、卫生、金融、交通、气象等十大关联产业相融合，并逐渐渗透到其他更多产业，构建相互合作，协同发展的大旅游产业体系。

如果我们将这个大旅游产业体系看作是一个紧密联系的社会关系网络，那么社会关系网络中的节点就是全域旅游中的各个产业，这些节点之间不断互动、融合，最终形成一个相对稳定的社会关系网络，这时研究的重点将不再仅停留在节点，即产业本身的属性和价值上，而是研究节点之间的关系，节点之间的这种关系、结构和互动将会深刻影响全域旅游的发展。

二、弱连带优势理论：一种新的研究视角

全域旅游的社会关系网络一般是建立在强关系理论基础之上的，即和旅游业关系越紧密的产业越容易纳入全域旅游的社会关系网络中，该理论认为，在强关系的网络中，节点之间的同质性较强，关系越紧密，就越容易形成一个利益共同体，这种"很铁"的关系能

保证全域旅游中各产业以更高效的方式获得发展资源，类似于一个"熟人网络"。

斯坦福大学教授格拉诺沃特在 20 世纪 70 年代提出了一个弱连带优势理论，这个理论给社会关系网络的研究带来了一个全新的视角。他认为，一个人往往只与那些在各方面与自己具有较强相似性的人建立比较紧密的关系，但这些人掌握的信息与他（她）掌握的信息差别不大；相反，与此人关系较疏远的那些人则由于与此人具有较显著的差异性，也就更有可能掌握此人没有机会得到的、对他（她）有帮助的信息，能给人们带来意外的信息和机会，同时，也能增强人们向外联系不同社交圈子的能力。在格氏看来，强关系是群体内部的纽带，由此获得的信息重复性高，而弱关系是群体之间的纽带，它提供的信息重复性低，充当着信息桥梁的角色。

三、在强关系基础上开发弱关系，以增加强关系的深度

旅游业是非常典型的综合性产业，往往要借助于其他产业的资源、设施设备、技术条件等进行发展，例如，发展乡村旅游，必须借助农业的资源；发展休闲娱乐，必须借助商业和文化产业的资源。从这种关系看，旅游业和这些产业的合作属于强关系，这种强关系是一种先天性关系，就像父子关系一样，有很多内在的必然联系，但关系发展不是一成不变的，往往要从动态、多维、互动的视角来看待关系，也可以说关系实质是一个生产和再生产的连续过程。还以上述的父子关系为例，在孩子的成长过程中不可能只维持一种以血缘为核心的父子关系，还应根据环境的变化，包含更为丰富的关系类型，如朋友关系、师生关系、助手关系等，这些关系相对于父子关系而言是一种弱关系，但这些弱关系却能给孩子带来更多的资源和成长路径。同样的道理，不能静止地看待旅游业和相关产业之间的强关系，这种强关系只是基于资源、权属、信息、利益等的同质性，是全域旅游发展的基础，并不能带来更多的机会和挑战，所以首先要在在强关系基础之上开发更多的弱关系，以此来增加强关系的深度，吸收更多异质资源加入原本的强关系中，确保产业之间以更深入，更多元化的方式进行合作。

还是以乡村旅游为例，在强关系中，乡村旅游发展需要农业资源的支持，这些农业资源能很快转化成旅游产品。反过来，农业发展需要旅游业的资金支持，这些资金也能很快转化为基础设施和农业技术。显然，农业资源和旅游资金是旅游业和农业合作发展过程中的同质资源，它们构成了两者之间的强关系。现实生活中，旅游业和农业之间还存在很多弱关系，例如，旅游业对高质量服务人才的需求，农业则无法提供；农业对先进的生态技术的需求，旅游业也无法提供。服务人才、生态技术就是旅游业和农业合作发展过程中的异质资源，它们构成了两者之间的弱关系，这些弱关系本不利于两个产业的合作发展，但是却能带来更多的机会和挑战。高质量的服务人才如果能从农村人口中进行培养，或将农村中走出去的高素质人才吸引回来，一方面可以提升农村人口素质，另一方面当地人治理当地人、当地人服务游客将会为全域旅游的发展提供高质量的保障。同样，农业需要先进

的生态技术以提高农业资源的观赏价值和经济价值，这也给全域旅游中的旅游教育产业提供新的挑战和机会，旅游教育除了依托传统服务业外，是否可以和园林、果木、农育、生态等相关学科和产业进行合作，培养专业性更强的旅游技术人员，这些都是强关系发展中所不能带来的新的挑战和机遇。

四、在强关系之外开发弱关系，以增加强关系的广度

弱关系的真正意义是把不同社交圈子连接起来，由圈外向圈内提供有用的信息。根据弱关系理论，一个人在社会上获得机会的多少，与他的社交网络结构很有关系。人脉的关键不在于你融入了哪个圈子，而在于你能接触多少圈外的人，这是关系导向从利益趋向到信息趋向的转变。对于全域旅游而言，如果只跟相关产业合作，合作的本质将局限于利益导向，容易产生：①全域旅游发展急功近利。资源都转向了合作能快速产生利益的产业，而一些潜力产业因为资源缺失而无法获得发展机会。②全域旅游发展闭塞。雷同的信息和资源会导致全域旅游建设的品牌、形式、内容单一，重复建设增多，且没有新的创新元素注入。③全域旅游发展创新受阻。缺乏更多的产业合作机会，发展思维僵化，形成发展的"孤岛"现象。

而弱关系理论更倾向于信息导向，在强关系的基础之上构建更多的弱关系，这些弱关系的网络资产关注在不同领域之间建立新的联系，这些新的联系往往能带来更多创新性的想法、制度和机会，特别在旅游产业协同发展的大背景下，产业协同的组织结构被证明是一种耗散结构，它存在的前提就是合作系统的充分开放，保证合作系统与外部的能量流、信息流、物质流的充分交换和低熵值，促进子系统之间的非线性相互作用，最终保证全域旅游各产业在协同发展的终结出现时间、空间和功能上的有序稳定，这样的全域旅游产业结构才是稳定、有序和持续发展的。实践应用上要求旅游业更多的关注弱关系产业，并积极从强关系产业圈外获得更多的信息和机会，创新全域旅游发展的思路，使全域旅游的发展充满动力和生机。例如，旅游业除了和传统的文化产业、农业、金融业、工业、体育等强关系产业合作外，还可以积极关注保险业、医疗服务业、美容业、租赁业等弱关系产业，尝试发展旅游业新的分支，扩大全域旅游的业务范围，让更多新的发展机会和创新元素融入全域旅游，更好地为全域旅游的发展服务。

五、在全域旅游产业结构中，旅游业必须占据更多的结构洞，以便获得更大的信息优势

在全域旅游的产业结构中，旅游业和其他相关产业的分布并不是均匀的，旅游业不一定始终处于核心位置，那么怎样的位置更有利于旅游业在全域旅游的发展中获得其他产业最大的支持。伯特提出了结构洞理论，所谓结构洞是指社会网络中的空隙，即社会网络中

某个或某些个体和有些个体发生直接联系，但与其他个体不发生直接联系，即无直接关系或关系间断，从网络整体看好像网络结构中出现洞穴。如果两者之间缺少直接的联系，而必须通过第三者才能形成联系，那么行动的第三者就在关系网络中占据一个结构洞，显然，结构洞是针对第三者而言的。伯特认为，个人在网络的位置比关系的强弱更为重要，其在网络中的位置决定了个人的信息、资源与权力。因此，不管关系强弱，如果存在结构洞，那么将没有直接联系的两个行动者联系起来的第三者拥有信息优势和控制优势，这样能够为自己提供更多的服务和回报，因此个人或组织要想在竞争中保持优势，就必须建立广泛的联系，同时占据更多的结构洞，掌握更多信息。

第五节　全域旅游的三大战略

全域旅游理念对旅游开发提出了新的要求，这些要求可以概括为三大战略，即产业融合战略、产城互动战略、和而不同战略。其中产业融合战略注重从现实的产业基础和社会条件来拓展旅游产品领域；产城互动战略兼顾城市建设和旅游开发；和而不同战略强调不同景点景区之间既要竞争更要合作。这三大战略既是对传统的旅游发展战略的继承，也是根据新形势要求对旅游发展战略的提升和突破，构成旅游开发从宏观理念到落地操作的战略体系。

全域旅游是指在一定地域范围内，以旅游业为优势产业，通过对区域内经济社会资源尤其是旅游资源、相关产业、生态环境、公共服务、体制机制、政策法规、文明素质等进行全方位、系统化地优化提升；实现区域资源有机整合、产业融合发展、社会共建共享，以旅游业带动和促进经济社会协调发展的一种新的区域协调发展理念和模式。

从传统的景点景区旅游到全域旅游，实现了"从单一景点景区建设和管理到综合目的地统筹发展转变""从门票经济向产业经济转变""从粗放低效旅游向精细高效旅游转变""从封闭的旅游自循环向开放的'旅游+'融合发展方式转变""从旅游企业单打独享到社会共建共享转变""从旅游行业部门行为向党政统筹推进转变"。

全域旅游要求各行业积极融入其中，各部门齐抓共管，全城居民共同参与，充分利用目的地全部的吸引物要素，为前来旅游的游客提供全过程、全时空的体验产品，从而全面地满足游客的全方位体验需求（旅游+）；将一个区域作为功能完整的旅游目的地来建设、运作，实现景点景区内外一体化，做到人人是旅游形象、处处是旅游环境。有鉴于此，我们提出全域旅游的三大战略。

一、基于区域经济发展的产业融合战略

习总书记曾指出，旅游业是综合性产业，是拉动经济发展的重要动力。国家旅游局李

金早局长曾指出，要开明开放开拓，迎接中国"旅游+"新时代;旅游业无边界，"旅游+"具有天然的开放性、动态性，"+"的对象、内容、方式都不断拓展丰富、多种多样，"+"的速度越来越快。经济社会越进步发展，"旅游+"就越丰富多彩。

其实，旅游不仅可以"+"其他产业，如旅游+疗养，旅游+科普等;其他产业也可以"+"旅游，如农业+旅游（农业观光）、工业+旅游（工业旅游）等，更可以实现旅游与其他产业的融合，即"旅游×"，如旅游产业集聚区、旅游地域综合体、特色旅游小镇、历史文化名城、名村等。旅游开发的目的是富民兴地，并为游客提供全方位的服务。为此，我们可以从区域经济发展的角度提出旅游开发战略——产业融合战略。

（一）新型产业化理论

新型产业化是我们最近提出的概念，是从新型工业化战略引申出来的。所谓新型产业化，就是根据德国工业4.0和中国制造2025的精神，以"互联网"和信息化为手段，以科学发展观为指导，在以人为本、全面协调可持续发展的基础上，强调产业链分工，产业与事业互动、三产融合和低碳环保等。

目前关于三大产业的划分是联合国使用的分类方法。随着经济全球化，这种分类已经不完全适用于我国当前的产业发展特点。一方面，产业越分越细，不论是三次产业分类法，两位位数、三位数分类法，都难以涵盖所有业态;另一方面，各产业之间正在融合，综合性企业越来越多，很难以企业为统计单元进行会计核算。更为重要的是，事业与产业之间的差别正在消失，至少可以互动。很多事业可以产业化，也正在产业化，比如科技、教育、文化、体育等;相反，产业和企业的社会责任越来越受到重视。产业和事业在不同层面含义也不一样，甚至可以相互转化。比如，国家层面的文化事业，可以在地方层面做成产业。即便是基础教育，在国家层面是事业，但在以基础教育服务专门化地区则可以做成产业。外国教育企业到中国内地招收儿童上学绝不是"为中国人民服务"，其实，国外的很多私立学校，就是基础教育产业化的例子。

党的十八大报告提出，坚持走中国特色新型工业化、信息化、城镇化、农业现代化道路，推动信息化和工业化深度融合、工业化和城镇化良性互动、城镇化和农业现代化相互协调，促进工业化、信息化、城镇化、农业现代化同步发展。随着现代服务业和产业分工的细化，旅游业按照新型产业化的要求，推进旅游产业与文化、教育事业的融合，加强与第一产业、第二产业和第三产业其他部门的互动，不仅是重要的，而且是必要的。

（二）旅游产业与事业之间的互动融合

我国旅游经济学家孙尚青曾经说过，旅游是文化性很强的产业，也是经济性很强的事业。所谓事业，是指人们所从事的具有一定目标、规模和系统的对社会发展有影响、不以营利为主要目的的经常活动;所谓产业，指由利益相互联系的、具有不同分工的、由各个相关行业所组成的业态总称。一种行业是否属于产业还是事业，就看其是否以营利为目的——以营利为目的的行业就是产业，不以营利为目的的行业属于事业。

　　但是，随着市场经济体制的改革和产业链分工的深化，这种划分产业和事业的标准越来越失去意义。文化事业、体育事业等概念，越来越被文化产业和体育产业所取代。旅游开发要顺应这种变化，开阔产品开发视野，拓宽产品制造领域。比如，可以加强旅游与文化、旅游与体育、旅游与养生养老等事业之间的融合互动。

　　旅游产业和文化产业是密不可分的。在当代旅游业中，任何一项旅游经济活动都是以一定的文化方式进行的，旅游经济活动中的各个环节如生产、流通、交换、决策、管理等都或多或少地蕴涵着各种文化因素，尤其是旅游产品的生产与消费更是牢牢地建立在文化基础之上。文化是旅游的灵魂，旅游是文化的重要载体，没有文化的旅游就没有魅力，而没有旅游的文化就会缺少活力。旅游的优势体现在市场，而文化的优势则体现在内涵。站在旅游的角度来看，抓住文化就抓住核心价值；站在文化的角度看，抓住旅游就抓住一个巨大市场。由此可见，旅游产业和文化产业是相互融合，相得益彰，共同繁荣的。要促进旅游业与文化产业的共同发展，提高旅游业的文化内涵，培育旅游消费新热点，推动旅游业与影视、动漫等现代服务业的融合发展，发展新的产品形态和产业形态。

　　大力推进旅游产业与体育产业的共同发展，积极依托大型体育赛事开展旅游活动，积极开发不同类型的运动健身旅游产品。

　　此外，还可以通过与医药卫生领域、特别是传统医学的结合，发展医疗、健康旅游；通过与养老等社会服务业结合，发展针对银发群体的休闲、养老旅游等。

（三）旅游产业与其他产业的互动融合

　　旅游向第一产业、第二产业和第三产业的其他部门延伸，打造旅游产业集群，带动地方经济发展。一是推动旅游业与第一产业（主要是农林牧渔业）融合发展。依托广大农村地区特色资源，积极开发森林旅游、雪域高山旅游、草原旅游、江河湖泊旅游、村落旅游。充分利用农业遗产、农业遗存以及具有浓郁乡土特色的民间艺术，提高乡村旅游的吸引力。开发具有地方特色的农家乐、牧家乐、渔家乐。二是推动旅游业与第二产业（主要是工业）融合发展。要提高旅游工艺品、纪念品的设计和制造水平，积极发展工业旅游和工矿业遗产旅游产品，并整合纳入各地旅游线路，在保证生产安全的前提下，把有观赏价值的工业生产线变成游览观光线。三是整合资源，以文化为灵魂、以旅游为核心、以商业为平台，全面推进商旅文结合，建设特色小镇、文化名村。

（四）案例：江西上饶养生、养老与医疗、旅游融合发展规划实践

　　以优良的生态环境和丰富的旅游资源为依托，以构建多元化、多层次的健康旅游和休闲度假产品为导向，以功能完善的基础设施、优质的服务体系为支撑，加大旅游与农业、工业、商业、医疗等相关产业和行业融合发展、相互渗透，把健康旅游作为"第一位产业"和展示上饶形象的"第一窗口、第一名片、第一品牌"来抓，实施全要素、全产业、全过程、全时空、全方位的健康旅游全域化工程，推动健康旅游贯穿于生产、生活、生态各个领域，将上饶打造成中国旅游强市和世界知名、国内一流的健康旅游目的地。

1. 总体思路

以上饶良好的生态资源为基础、以养生养老为根本、以休闲度假功能为主导、以综合开发为手段、以旅游地产产品为核心、以高品质服务为保障。

以休闲度假功能为主导，融合观光、游乐、运动养生、度假、体验、居住等多种旅游功能。采取综合开发的手段，包括土地的综合开发、产业的综合发展、功能的综合配置、配套的综合建设、目标的综合打造。

以旅游地产为核心，包括度假酒店地产、休闲商业地产（商街）、休闲住宅地产三大核心类别及其他特色主题地产如创意地产等。

以高品质的服务为保障。度假型养老项目必须以超越一般景区和养老社区的较高品质的服务（包括旅游服务与公共服务）作为保障。

2. 运营模式设计

产业整合——度假＋养老＋地产＋金融。把传统的养老休闲配套做成面对更广泛消费者的度假产业；把传统的养老社区做成集健康产业基地、文化创意产业基地、国际教育产业基地、高端养生康疗产业基地的产业集群；把传统的养老社区做成面对中高端消费群的精品主题地产；针对养老社区的购物街区，通过金融等产品的植入，做成更有活力的局部精品商圈。

运营整合。通过长期的养老地产和度假公寓相结合的方式，实现长线和短线的收益。可以建立四种销售模式，打通四种销售路径：针对老年人的养老地产、针对家庭型的度假公寓、老年人和家庭型通用的度假别墅和针对观光型的风情商业客栈或产权酒店，最终通过多途径运营，提高收益率，降低运营风险。

3. 重点任务

高标准建设老年宜居住宅。面向沪浙闽皖赣乃至珠三角地区的退休老人和康复疗养人员，在养生康复园以及婺源、德兴、玉山、上饶、广丰、弋阳等旅游资源丰富、生态环境良好的地区，建设高品质、复合型养老养生度假社区和特色小镇，形成休闲度假房产和绿色养生房产等以健康长寿为主题的养生度假产品体系。创新养老住宅区开发运营模式，建设院士之家、专家公寓、科学村等主题型养老社区。开发老年宜居住宅和代际亲情住宅工程，针对老年人从健康老人向半护理老人、全护理老人的动态转变过程，推动老年家庭住宅装修、家具设施、辅助设备等符合老年人适用性、安全性和便利性等特殊需求的设计改造。吸引社会资本投资开发以老年公寓、涉老康复护理、疗养院为主要内容的养老服务综合体。

深度推进医疗养老融合发展。结合养老养生度假社区和特色小镇建设，鼓励社会力量参与整合医疗卫生与养老服务资源，构建养老照料、康复护理、疾病救治、临终关怀服务相互衔接的多元化健康养老服务网络。在养生康复园集中建设供养型、养护型和医护型养老机构，加强专业化老年照护机构和设施服务，拓展医疗保健、康复护理、辅具配置、精神慰藉、法律服务、紧急救援等服务，实现老年照料服务的行为规范化、服务标准化、护理专业化，建成全国社区健康养老服务示范区。引导民间资本参与建设老年人医疗服务机构，完善老年医疗护理服务体系，形成一站式、人性化、专业化的老年卫生健康服务和老年居家护理服务。开展医养结合试点，建立健全医疗机构与养老机构的业务协作机制和转诊绿色通道，探索医院—社区—养老机构三方合作的健康管理模式。推进智慧健康养老示范基地和示范社区建设，推动企业和健康养老机构充分运用智慧健康养老产品，创新发展慢性病管理、居家健康养老、个性化健康管理、互联网健康咨询、生活照护、养老机构信息化服务等健康养老服务模式。

积极培育中医养老养生品牌。依托中药材资源和道家养生文化优势，开发以药食同源和扶正祛邪中医理念为基础的中医药养生产品以及禅医养生、道医养生、中医养生等中医药养生旅游，多项目联动打造国家中医药健康旅游示范区。面向亚健康人群、康复疗养人群以及"候鸟式"养老人群，高标准打造以高端医疗、中医保健、健康预防、医学检测、养生康复、养生旅游、医药电子商务等为一体的产业集群式中医药健康医疗城、中医药健康养生特色街区。以三清山道家文化养生园、灵山禅修文化园、大茅山梧风洞国际中医体验中心、龟峰中医疗养基地为支撑，拓展道家文化展示交流、道观宫殿观光朝觐、灵修养生主题体验、颐养天年修身养性、中医药养生培训等中医药健康旅游业态。依托空港新区国际医疗健康园会议会展中心建设，举办中医药健康旅游高峰论坛和博览会，提升上饶中医药健康旅游品牌影响力和社会认可度。

优先完善康复服务体系。结合养老养生度假社区和特色小镇、中医药健康医疗城和特色街区建设，推动特定群体康复、专业康复等新型康复服务产业化发展。推进江西医学高等专科学校等高等院校与国内外知名医学院合作开设康复服务相关专业，开展中医养生保健与现代医学检测相结合的护理服务试点，建设一批中医药养生旅游示范基地和中医药养生保健服务示范区。

二、基于公共服务体系建设运营的产城互动战略

（一）产城互动概述

城市是产业的载体和保障，产业是城市的根基和内核，两者相辅相成、不可偏废。坚持以城带产，引领产业转型。通过城市功能升级，激活传统产业，催生新兴产业。坚持以产促城，增强城市发展活力。以产业升级提升城市内涵，以经济繁荣增进都市繁荣。传统旅游开发强调门票经济，重视景区建设和封闭运营。现在人们对旅游的认识更为宽泛，无景区旅游和旅居融合随处可见，比如，北京人的周末自驾（无景区旅游）、北方人在海南过冬（旅居融合）。旅游开发正在淡化门票收入，而强调全域化旅游，打造旅游地域综合体。这就要求，旅游景点景区建设及服务接待设施的供给，要与城市建设统筹考虑，为此，我们提出旅游要素供给及其空间配置方面的战略——产城融合战略。

（二）旅游产业与城市建设互动融合的途径

在城市建设、旅游开发的各个环节，都注重需要互动融合。比如，在规划环节的互动融合——城市规划照顾旅游开发需要，旅游规划接轨和修订城市规划。在交通组织中的互动融合——区域内部交通兼顾景区开发，连接景区道路与新农村建设结合；对外交通尽量借助于国道、省道、县道和城市对外交通干道；餐饮住宿设施共建互用；产业布局与景观塑造方面兼顾城市文化传承、居民生产生活便利和旅游吸引力提升，甚至可以依托自然资源打造旅游名镇；依托文化资源打造文化名城；依托旅游景区打造接待型城镇；依托优势产业打造特色旅游城镇等。全面互动包括城市旅游化（城市景区开发、新型城市休闲中心建设、环城游憩带城乡统筹开发、休闲卫星城组团化建设等）和旅游地域综合体（以泛旅游产业的整合为支撑、以休闲化消费的聚集为动力、以设施和配套的配置为重要基础、以服务和管理的创新为保障）等多种模式。前者如临漳县城，在充分发挥"三国故地、六朝古都"资源优势的基础上，努力打造冀南旅游强县和世界旅游目的地，把文化旅游产业作为调结构、惠民生的新兴主导产业重点培育，坚持"一个中心"，做好"三个规划"，抓实"三个板块"，着力构建产城互动大旅游格局，不断推动文化资源大县向文化产业大县迈进。后者如万达建设的长白山旅游度假区，由滑雪服务中心、大剧院、商业街、娱乐中心、温泉洗浴中心、公寓式酒店及人工湖等设施组成。通过借鉴欧美滑雪小镇的形式，充分体现国际级旅游度假区的高端品质。项目的酒店区环绕度假小镇，共同形成旅游度假村的核心区域，成为长白山旅游跨越发展的有力推手。

（三）典型案例：灵宝——文化＋旅游，促进城市转型升级

灵宝市位于秦晋豫三省交界处的河南省西部，南依秦岭，北濒黄河。国土总面积3 011平方千米，常住人口75万。2017年3月，灵宝市被批准为全国第二批全域旅游示范区。

作为国家资源型城市转型试点，灵宝市坚持把旅游业作为推动资源型城市转型升级的重要突破口，大力实施"旅游兴市"战略，旅游基础设施、服务体系不断完善，景区品位持续提升，假日旅游经济连创新高，旅游业呈现出持续健康快速发展的良好态势。

灵宝市坚持"城市即景区"的全域旅游发展理念，将硬件设施、软件环境两手抓、两提升，加快推进"吃、住、行、游、购、娱"配套服务全面建设，实现全域旅游新提升。

一是整合文化旅游和休闲健康资源。以西坡、黄帝、老子及函谷关为精髓，自然景观以亚武山、冠云山、鼎湖湾等为特色。针对不同类型旅游景区进行全面梳理，各乡镇协调联动，将孤立的旅游景点串联成中国先秦历史文化的整体脉络和生态休闲观光旅游精品线路呈现给广大游客。

二是加大投入，开发自然景观资源和休闲健康产品。该市自然景观资源丰富，但目前开发水平较低。为此，加大资金投入，通过积极招商引资，在不破坏生态环境的前提下，加快景区和旅游商品的开发，不断完善旅游基础设施和旅游接待人员的服务水平，使景区的层次和质量都迈上新台阶。大力发展休闲健康产业，利用灵宝优越的山水资源和地势较

高的特点，努力建设省级休闲度假和避暑胜地。

三是大力宣传，发挥品牌效应。虽然本市旅游资源丰富，但知名度不足。为此，他们精心整合包装，加大宣传制作水平和力度，不断提升知名度，走特色品牌之路。通过多形式、多渠道的宣传推广，并积极与各媒体单位建立长期友好关系。关注媒体营销工作，通过积极主动、良好有力的营销模式，全面展示灵宝文化旅游的面貌。

四是优化布局，推动产城融合。以西坡、黄帝、老子及函谷关等文化旅游资源，亚武山、冠云山、鼎湖湾等自然资源为基础，以寻根之旅、文化探源、生态旅游、休闲度假为特色，在保护良好的生态环境的基础上，积极发展文化旅游和休闲健康产业，打造"一主一副四片区"的旅游空间格局，利用优越的山水资源，逐渐建设省级休闲度假和避暑胜地。其中：

"一主"即灵宝市中心城区。要结合城市建设规划把灵宝市建设成为观光之城、休闲之城，设立政务、商务、观光旅游服务中心。完善城市文化娱乐、博览、商业等功能设施，结合游客进出规划建设停车场、道路等基础设施。

"一副"即西闫镇——高铁车站灵宝西部副中心。依托鼎湖湾为核心的黄河湿地景观资源和西闫良好的交通条件，在生态保护的基础上，不断完善旅游基础设施，加快镇区基础设施建设和旅游产品开发，积极发展休闲度假旅游，将西闫建设成为灵宝市重要的休闲度假中心。

"四片区"即函谷关——大王文化旅游片区，以函谷关先秦文化、大王明清枣乡等为核心，积极发展文化观光、乡村体验等旅游产品；西闫—鼎湖湾休闲旅游片区，以鼎湖湾景区、西闫现代休闲度假中心为核心，积极发展休闲旅游产品；亚武山——娘娘山生态旅游片区，以亚武山、冠云山、娘娘山等山地旅游资源为基础，积极发展观光体验为核心的生态旅游产品；龙湖绿色旅游片区，依托良好的山地和水体资源，积极开发绿色健康旅游产品。

三、基于不同景点及地域之间合作的"和而不同"战略

（一）"和而不同"的出处和含义

"和而不同"出自《论语·子路》，曰："君子和而不同，小人同而不和"。其中"和"是和睦、和谐；"同"是苟同。孔子认为，以"和为贵"而行"忠恕之道"的有道德有学问的君子应该做到能在不同中求得和谐相处；而不讲道德没有学问的人往往强迫别人接受他的主张而不能和谐相处。

（二）"和而不同"思想在现实生活中的应用

把"和而不同"引申到现实生活中可以有更广阔的理解，获得不同的启发：

从哲学的角度讲，"和而不同"就是对立统一；

从经济学上讲"和而不同"是整体利益极大化（和谐、共赢），同时照顾到各个组成部分，

关心弱势群体，保证每个个体都有生存的条件和空间；

从生态学上讲，"和"是保持生态功能的极大化，"不同"是维持生物多样性，维护生态平衡，没有后者就不会有前者；

从社会生活的角度看，求大同，存小异，就是和谐，就是"和而不同"。

从旅游开发的角度看，"和而不同"就是既保持各个组成部分的特色，也维持整体上的协调、和谐。因此，如果把"和而不同"用作旅游开发战略，对于解决不同地域、不同景区之间的协调也是有非常积极的意义。只有"同"不是"和谐"——到处都一样不是美，而是呆板、单调，因而也不是"和谐"，旅游吸引力也就大打折扣；只强调差异，见树不见林，杂乱无章，没有整体感，是不和谐，也不美，旅游吸引力也会降低。"和而不同"应该是旅游开发的基本原则和重要战略。

（三）旅游开发中的"和而不同"战略

旅游开发中的"和而不同"战略，就是强调"整体协调与突出特色相结合"。在此，"和"指整体性、系统性、协调性和可持续性；"不同"指差异性、标识性、特色性和丰富性。传统旅游开发在涉及不同旅游产品和旅游目的地之间关系时，大多强调"特色化"和"卖点"，所采取的策略就是简单竞争，直接竞争，甚至是恶性竞争，结果常常是两败俱伤、多败俱伤。现在人们更注意互动发展，协同发展，共赢发展，"和而不同"战略就是根据全域旅游要求所提出的一个旅游开发战略。

剖析成都三圣乡"五朵金花"旅游开发成功的原因，我们可以得到很好的启发。该景区就是按照"和而不同"的思路规划建设的。这里"和而不同"的第一层含义是"天人合一"与"市场差异化"的结合。具体要求是整个旅游开发注意与社会主义新农村建设相结合，体现以人为本和环境保护，景观建设与周边环境相融合，所打造的产品让成都市民有新鲜感。五个小景点都用植物来命名，围绕一个主题——乡村休闲游，共同开发市场，形成了一个很美、很响亮的旅游品牌"五朵金花"。

"五朵金花"旅游开发中"和而不同"的第二层含义是：按照各景点的自然历史基础，打造既有联系又有区别的景观和产品，让游客在这里既形成很好的整体印象，又获得不同的旅游体验。其中：

江万福村建设"荷塘月色"——以千亩荷花种植为基础，大力发展水岸经济，建设融水、莲、蛙于一体的乡土产业。

家堰村打造江家菜地，以时令蔬菜、水果种植为主体租给城市居民耕种，以农事参与、体验为主要卖点，提高市民和儿童对发展绿色产业的兴趣。

驸马村则努力营造"东篱菊园"意境——依托丘陵地貌，因势利导构建菊文化村，引导相关旅游、文化产业的发展。

红砂村建设"花香农居"——以观光、赏花为主题，对花卉的科研、生产、包装、旅游等方面进行全方位深度开发。

幸福村更是将"幸福梅林"作为努力目标,用 3 000 亩坡地培育 20 万株梅花,建设以梅花博物馆为主要景点的梅林风景,将休闲、娱乐、观光融为一体,成为返璞归真的农业休闲旅游观光胜地。

可以看出,这五个村落连片联户经营,规模效益明显,品牌优势凸显;且"一村一景一业"错位互补发展,都取得了很好的效果,是旅游开发"和而不同"战略的典型成功案例。

四、结论和讨论

总结全文,可以得到如下几点结论和讨论:

(1)旅游开发涉及多方面的利益关系,尤其要处理好相邻地域、同一地域内不同景点或功能区之间的竞争与合作关系。旅游开发中的"和而不同"战略,就是强调"整体协调与突出特色相结合",既要坚持特色化、差异化、错位发展,更要争取不同组分之间的联合与协作,共同打造具有震撼力和美誉度的旅游目的地,实现互动共赢。而不能像过去那样,简单地直接竞争,恶性竞争,最终导致多败俱伤。先把蛋糕做大,再把蛋糕分好,这是经济学中竞合规律在旅游开发中的具体体现。

(2)旅游业是一个外部性很强的产业,旅游开发既依赖于区域其他方面的发展和支持,也有责任和义务带动其他方面的发展。因此,旅游开发要注意与其他产业、行业甚至事业部门互动融合,以丰富旅游产品,扩大旅游产品领域,延长产业链,实现系列化、高附加值化,唯如此才能实现区域经济、社会的全面协调与可持续发展。

(3)旅游发展需要交通、通信、环卫和接待等设施支撑,城市发展也需要有人流、物流和信息交换,旅游开发与城市建设要统一起来,以城市为基础,以旅游产业为保障,建设旅游地域综合体,驱动城市更新和完善服务配套,以达到旅游产业支撑城市建设、城市建设助推旅游发展的目的。

(4)和而不同战略、产业融合战略和产城互动战略这三大战略既是对传统的旅游开发战略,诸如特色化、品牌化、系列化和体验化的继承,也是对这些战略的创新性突破。其中:和而不同战略强调不同旅游开发主体之间既要竞争更要合作,因而比一般的错位发展、差异化战略更有现实意义;产业融合战略注重从现实的产业基础和社会条件来拓展旅游产品领域,因而更接地气,也更能带动当地经济的发展;产城互动战略兼顾城市建设和旅游开发,是空间布局优化、设施高效利用、景观统筹塑造的最佳途径。这三大战略从不同角度支撑全域旅游的落地实施。

应该注意的是,旅游开发十分复杂,本节所提出的和而不同战略、产业融合战略和产城互动战略,虽有一定的创新性,也在实践中得到初步应用,但都很浅显,不足以完全支撑全域旅游的多方面、全方位发展。

第六节　全域旅游建设的若干困境与路径选择

　　全域旅游是旅游供给上的创新，全域旅游示范区创建对我国旅游业的发展产生重大影响。但目前全域旅游建设在目标导向、效益、资源配置、工作抓手、统筹协调、地区差异等方面存在短板，应加深对全域旅游及其内外动因的认识。在建设路径上，应避免认识误区，遵循规律，重视创建过程，分类施策，以景区建设为抓手，以景区旅游发展带动全域旅游的发展。

　　全域旅游是旅游供给上的创新，它是将一定区域作为完整旅游目的地，以旅游业为优势产业，统一规划布局、优化公共服务、推进产业融合、加强综合管理、实施系统营销，以提升区域旅游业发展水平。2016 年，原国家旅游局先后公布了两批共 500 家国家全域旅游示范区创建单位。政府主导下的示范区创建对我国旅游业的发展产生重大影响，一些并未列入创建单位的区县，也在积极发展本地的全域旅游。2019 年 3 月至 7 月，国家文旅部开展首批示范区验收认定工作，全域旅游建设再度成为关注的热点。但从目前的现状看，全域旅游建设在某些方面还存在短板，摆脱困境需要加深认识并选择合适的发展路径。

一、相关认知

　　"全域旅游"首先是一种理念与方法论，不能简单地理解为一种模式或一项政策措施。在这种理念与方法论的引导下，旅游开发、旅游规划要始终秉持全域维度，在城乡规划、产业规划及其他规划中要始终渗透全域旅游的理念。对"全域旅游"理念的这种认知应得到肯定，因为这种理念下的政策措施有助于充分挖掘区域内的旅游供给发展潜力，包括全域旅游资源的整合、全域旅游产品的开发、全域旅游服务与管理质量的提升、全域旅游发展支持保障系统的改善等，从而推进区域旅游供给侧结构的调整优化与供给数量的增长。"全域旅游"是区域旅游发展的理想状态，是区域旅游在资源、产品、服务与管理、支持保障等方面充分发展的状态，在全域范围实现旅游无障碍、无死角、无遗漏。

　　全域旅游示范区创建使"全域旅游"由一种理念变为具体的政策措施，希望借此推进国内旅游供给的变化。示范区作为一种期望的可推广模式，使"全域旅游"变为一种具体的技术操作规范——评价指标体系。2019 年 3 月，国家文化和旅游部印发《国家全域旅游示范区验收、认定和管理实施办法（试行）》《国家全域旅游示范区验收标准（试行）》，对全域旅游示范区的验收、审核、认定、复核和监督管理等作出相关规定，建立了验收指标体系及评价分值，包括体制机制、政策保障、公共服务、供给体系、秩序与安全、资源与环境、品牌营销与创新示范等方面以及安全生产、市场秩序、生态环境等扣分项。总分1200 分，其中基本项 1000 分，创新项加 200 分。在重大安全事故、重大市场秩序问题、重大生态环境破坏、旅游厕所等方面实行一票否决。达标评价指标体系的出台，为全域旅游示范区的创建提供指南。

二、发展全域旅游的内外动因

（一）作为外部动因的顶层设计

除了新时代背景下旅游业自身发展需要有所突破外，全域旅游示范区创建有其外部动因或促推力。①以供给侧改革拉动市场消费。全域旅游示范区建设本身就是旅游供给侧的改革，供给由景区景点扩大到全域，由旅游部门扩大到多部门的协作联动；通过对旅游供给的提升拉动旅游消费，促进地方旅游业的发展。②以投资促进经济增长。改革开放 40 年来，以扩大投资促进经济增长基本上是政府部门优先考虑的发展策略之一，全域旅游示范区创建需要在诸多方面增加投入，符合扩大投资促进经济增长的需要。以上两个方面的动因使全域旅游示范区的创建应运而生。③符合"厕所革命"的要求。全域旅游示范区要求旅游厕所覆盖城乡全域、分布合理、管理规范、比例适当、免费开放。④以乡村旅游发展促进乡村振兴，符合"乡村振兴"发展战略的需要，在促进乡村经济发展的同时，通过旅游开发建设改善与美化乡村人居环境。

（二）作为内部动因的地方考核需要

全域旅游示范区创建作为一项政策与旅游业发展战略，除具有顶层设计方面的动因外，还有地方政府层面的动因。基于地方发展指标考核的需要，地方政府需要不断增加新的建设项目，以完成指标任务。全域旅游示范区创建本身是一个可申报的建设项目，如果申报成功，可获得政策支持，还可以依靠它来申报更多的建设项目，从而获得项目资金与补助。而且，全域旅游示范区可以增加投融资的吸引力。获得认定的全域旅游示范区将优先纳入中央和地方预算内投资支持对象，优先支持旅游基础设施建设，优先纳入旅游投资优选项目名录，优先安排旅游外交、宣传推广重点活动，纳入国家旅游宣传推广重点支持范围，优先纳入国家旅游改革创新试点示范领域，优先支持 A 级景区等国家重点旅游品牌创建，优先安排旅游人才培训，优先列入国家旅游部门点联系区。这些优先条件为发展提供了期望，对全域旅游示范区的创建有重要推动作用。

三、全域旅游发展面临的困境

（一）目标导向认识的模糊

笔者在参加"安徽省全域旅游发展创新研讨会"时，与会者就"全域旅游"是一条"路子"，还是一块"牌子"，展开了讨论。政府旅游部门代表认为它是一块"牌子"，全域旅游建设是一项任务，拿到牌子是成绩，是一种荣誉。学界代表则多认为，它是一条旅游发展的"路子"。这是一个目标导向问题，即全域旅游示范区建设是"为什么"的问题。笔者认为,"全域旅游"是一种理想状态,是区域旅游发展追求的目标,"示范区"是一块牌子,而示范区的创建是一条"路子"。所以,旅游部门代表与学界代表各有其合理性,观点也并不矛盾。实际上,地方如果不是为争创一块牌子,则政策难以落地,全域旅游建设工作难以推进。但是不能为牌子而打造牌子,也不能为创建而赚"吆喝"。牌子也好,路子也好,都只是手段,目的都是要推进区域旅游高质量、高水平发展。

(二)效益问题的不确定性

全域旅游建设到底能带来什么,尤其是能不能持续带来什么,最终能不能有效促进区域旅游业的发展,这些都有很大的不确定性,这种不确定性影响了投资人的积极性。没有效益,地方政府也就没有全域旅游建设的动力,对社会资本也没有吸引力。当然,效益不只是经济方面,还有社会效益与环境效益。但无论怎样,要想创造效益,先要做好投入产出分析或者投资效益分析。提高产出或增加效益不仅要控制成本,更要增加客流量,提高游客人均消费。这就离不开市场导向,就要分析市场需求,而不能仅从供给侧去考量。但从目前来看,政策设计主要是从供给侧出发,较少考虑市场问题。全域旅游就意味着旅游供给规模扩大,单从经济方面来说,规模扩大可能经济,也可能不经济,这也给全域旅游建设带来了不确定性。如果不能持续带来效益,全域旅游建设就没有后劲,即使是那些已认定的示范区,也会遇到后续发展建设与经营管理问题。

(三)资源配置的矛盾性

全域旅游示范区建设是政府主导下的、政策性的旅游开发建设,由政府或政府部门配置资源或者主导资源配置。但市场配置资源是最有效率的形式,所以不能由政府单方面来配置资源,尤其不能仅靠"验收标准"来配置资源,这会影响资源的配置效率。市场配置资源具有选择性,必须将有限的资源投放到最有效益的地方,其结果是创建区内有些地方可能会缺乏投入,这又会影响旅游开发建设的全域性。虽然市场配置资源最有效率,但市场有时也有盲目性,也会失灵。因此,需要政府对资源配置进行干预。再有就是,涉及土地资源、基础设施建设、相关主体利益的协调等都需要政府出面。所以,资源配置不能是单方面的。

(四)工作抓手的内在模糊性

全域旅游示范区建设涉及体制机制、政策保障、公共服务、供给体系、秩序与安全、资源与环境、品牌营销与创新示范等八个方面,但它的抓手是什么,应该从哪里入手? 经济效益、社会效益与环境效益有没有侧重点? 景区景点建设在盘活资源、聚集人气、培育市场等方面具有极为重要的作用,有的景区景点甚至成为一个地方旅游发展的"引爆点",一个"引爆点"可能会使一个地方的旅游满盘皆活。因此,全域旅游示范区建设还要不要打造精品景区? 景区门票折扣是吸引旅行社、旅游电商、旅游车船公司等合作的重要筹码,全域旅游示范区建设还要不要发展门票经济? 不收门票可能增加游客量,也可能因为不收门票而减少与旅行社、旅游电商、旅游车船公司等的合作而失去一部分团体游客。不发展门票经济谁来为景区经营管理成本买单？这些都需要综合考量，比较权衡。

（五）统筹协调的机制存在弱点

全域旅游建设涉及内部行政区之间、部门之间、产业之间、规划之间等的统筹协调。行政部门之间的协调，旅游部门应该发挥重要作用，但旅游部门对其他行政部门的调度作用是有限的，即使是分管领导对内部行政区与分管外的行政部门的调度作用也是有限的。协调好产业之间、规划之间的关系也很重要。首先，应该处理好旅游产业与其他产业的关系，全域旅游示范区创建之初，提出以旅游业为"龙头"统领其他产业，即使在旅游业发展比较好的区县（市）也较难实现。旅游业与其他产业有较强的关联性，同时旅游业对其他产业也有较强的依赖性，旅游业的发展依赖其他产业的发展。一个地方出现旅游业统领其他产业的情况在世界范围也是极个别的，有其特殊性，不能作为全域旅游模式加以推广。其次，规划统筹问题，如何尽可能地实现"多规融合"，做好全域旅游规划与其他规划的协调是急需处理的问题。

（六）地区差异被忽视

全域旅游是一种理想状态，全域旅游示范区创建对旅游发展较好的地区而言，具有一定的可行性，对旅游发展滞后或者资源禀赋较差的地区而言，示范区创建可能不具备可行性，至少在一段时期内不具备可行性。在目前获批的500家国家示范区创建单位中，地区差异问题突出，创建单位在资源禀赋、发展条件、发展阶段等方面还存在较大差异。一些发展较好的地区，景区景点与配套设施设备建设都比较成熟，经营管理经验比较丰富，在市场中已有一席之地。而一些旅游发展滞后地区，旅游发展还处在初级阶段，景区景点发展还不成熟，一些指标还不达标，更不要说景区景点以外的区域。另外，旅游发展滞后地区示范区的建设与成长还需加强市场培育，还需应对市场竞争问题。因此，旅游发展较好的地区与发展滞后的地区在全域旅游创建路径上不能一概而论。

四、全域旅游的路径选择

第一，正确认识"全域旅游"这种理念与方法论跟政策实施之间、全域旅游发展的理想状态跟示范区的创建实践之间可能存在的距离。对区域发展全域旅游应持审慎态度，包括入围的500家国家示范区创建单位，也包括未入围而积极发展全域旅游的单位，都应持审慎态度，在决策中客观分析发展条件，秉持因地制宜、因条件制宜的原则，分类施策，区别对待；审慎决策，不脱离实际，不搞盲目跟风。正确认识"多规合一"与"多规融合"，强化旅游规划与其他规划的衔接，确保保护性空间、边界、城市规模、重点项目等的一致性，加强旅游规划、社会发展规划、城乡规划、土地利用规划、环境保护规划，实现规划融合，而不是用一个规划取代其他规划。

第二，遵循经济规律与旅游自身发展规律。旅游业的经济属性决定其应按经济规律办事，包括发展旅游的环境效益与社会效益都必须以经济条件为支撑。从文化角度讲，旅游是全域的，但从经济角度看，旅游不一定是全域的，因为只有当游客流量达到一定规模（门槛人数）、有经济效益（成本核算）时，某地的旅游开发才是划算的。说到底，旅游开发也是产品开发，应遵循市场规律，提升产品质量，参与市场竞争，追求效益最大化。应增强市场意识，以市场配置旅游资源，政府干预主要是引导与监管。为获得环境与社会效益，可以放弃一部分经济效益，但前提是地区经济条件足以通过转移支付给予一定的经济补偿，否则难以避免工程烂尾或者项目昙花一现的现象。

第三，重视创建过程。全域旅游示范区创建应该重视创建的过程，通过品牌创建推进区域旅游业的真正发展。要拿到"示范区"这块牌子，必须通过《国家全域旅游示范区验收工作手册》评价指标体系的考核，工作手册（指标体系）对示范区创建起实际的导向、约束作用，相同指标体系的导向约束下容易千篇一律，千城一面。因此，各地在创建的过程中应避免同质化，注重错位发展，特色化发展。

第四，客观分析区域产业发展结构与前景，准确研判旅游业的主导产业与非主导产业定位，依此制订合理的产业发展政策。加强党政统筹，实现旅游业与其他产业的协调发展，更好地发挥旅游业在本地经济社会发展中的作用。虽然旅游供给由景区扩展到全域，但全域旅游建设仍然应以景区建设为重点与抓手，通过景区发展带动全域发展，以景区游＋景区外自助游的模式同时满足团体与散客需求。景区建设应明确目标、抓住重点、提升品质。明确目标就是要明确将景区打造成什么样的产品。在景区的所有供给要素中，吸引物才是第一要素，在景区建设中应重点开发与打造吸引物，最终达到打造精品景区、提升景区旅游品质的目的。

第五，针对旅游业发展相对滞后地区，应加强配套基础设施与旅游专项设施建设。旅游厕所达标是首先必须解决的问题（厕所改造在一些地区任重道远，不只是厕所本身问题，还有生活习惯问题）。后发地区因为基础差、知名度低，全域旅游建设不能操之过急，可分两步走。第一步优先发展景区，培育市场，对景区进行重点投入；第二步，在第一步发展的基础上发展全域旅游，即以景区旅游的发展带动全域旅游的发展。如果条件允许，可以两步并作一步走，实现全域旅游建设的飞跃发展，但对于这一路径的选择必须审慎。

第七节　基于全新思维的全域旅游开发

近年来，旅游经济的繁荣发展，为我国经济的发展作出了巨大的贡献。旅游行业的繁荣发展体现了我国国民经济水平，不论是出国游还是国内游，我国旅游旺季带动了城市经济的快速增长。全域旅游是新的旅游方式，是对旅游行业提出的新要求，有助于提高人们的旅游体验，增强人们的幸福指数。本节主要简述全域旅游的发展，分析全域旅游对旅游行业发展的重要性，阐述基于全新思维的全域旅游开展策略，希望能够改进旅游景区存在的一些问题。

在新时代背景下，基于全新思维的全域旅游发展，是一种新型的旅游模式，主要是打破传统的、单一的旅游模式，针对当前景区存在的问题，从全局性和引领性的角度出发，解决实际问题，充分利用社会资源、旅游资源、文化资源等，良好的生态资源，政策的大力支持，能够实现资源的合理利用，其中主要是以旅游行业为中心，实现全域化建设，推动景点周边经济的快速增长。全域旅游能够有效地实现周边产业的深入融合，全域旅游也需要全新思维，从各个角度完善旅游景点，实现经济效益的最大化。

全域旅游是指在某个区域内，以旅游行业为核心产业，对这一区域内的旅游资源、公共设施、相关制度以及服务等进行全面提升，进而实现区域内资源的有效整合，能够实现区域内产业的多方位融合，以旅游行业为主要的经济业务，促使社会经济的全面增长。全域旅游在政策的指导下，各个部门之间相互配合，以当地的特色产品吸引游客，并且为游客提供全过程、全方位的体验，全域旅游追求的是满足更高层次的消费者需求，是从量变到质变的一个过程，消费者的体验感是全域旅游发展的重点，为消费者创造出更多的价值。全域旅游是传统的从景点旅游模式向全域旅游模式的转变，加强区域内资源的有效整合，完善旅游景点基础设施的建设，由景点单一化管理向综合统筹管理转变，以旅游行业为核心，带动地区经济的快速增长，实现全方位一体化的旅游管理，主要实施的地区在乡村，致力于建设美丽的乡村，实现城乡一体化，提高人们的生活幸福指数，满足消费者的精神需求。

一、促进全域旅游发展的重要性

（一）推动农村经济快速增长

全域旅游主要体现在农村景点的管理和优化，在政府政策的鼓励下，全域旅游能够带动农村经济的增长，农民的生活有保障，削弱城乡逐渐的差异。基于农村现有的旅游条件，通过景点向全域旅游的转型升级，充分地利用农村的自然条件，使得农民的生活有所保障，充分体现习主席提出的"绿水青山就是金山银山"。农民的收入有所增加，生活条件有所改善，全民参与到全域旅游的开发中，促使资源得到合理的利用，当地的农民能够摆脱贫困，发家致富。除此之外，全域旅游也是一种保护自然生态的重要措施，加强人们的环保意识，保护美丽农村的青山绿水，才能够吸引游客到农村进行消费，满足消费者需求的同时，提高农村经济的快速增长。

（二）全民参与，资源有效整合

全民参与是指全域旅游促使各个部门以及人们参与到旅游开发中，给予很大的支持和帮助，促进全域旅游的发展，完成旅游行业的转型，为消费者提供更好地服务。区域内各行各业都参与到旅游行业的转型中，充分地调动景区的各项资源，吸引外来游客进行观光游览，为外地的游客提供本地的特色服务和特色产品，使得游客充分地了解全域旅游景区的风土人情和自然风光，提高游客的满意度是全域旅游发展的重中之重，是吸引消费者前来消费的重要条件之一。能够实现人数到服务质量的转变，提高农村经济，促使当地的农民脱贫致富，进而削弱城乡贫富差距。

（三）旅游行业全面升级

传统的旅游项目开发是通过景点的特色，吸引更多的人前来观光游览，注重的是消费者的数量，但是人数的增长并不代表该地区的消费数额有所增长。吸引消费者参观，但是消费数额不增长，不能带动区域内的经济增长，对于旅游景区而言弊大于利，后期的景区管理、垃圾的清理、环境的维护等工作需要一大笔的资金。因此，旅游行业的转型刻不容缓，只有提高景区的服务质量，才能够刺激消费者进行消费，从人数到质量，需要旅游行业进行全面的转型升级。游客们观赏的不再是单一的景点，全域旅游的发展促使旅游行业进入新的发展阶段，根据区域内的环境特色，充分地调动周边的资源，保留当地的特色，放大该地区的旅游特色，吸引游客并刺激游客消费，带动经济的快速增长。千城千面，各个景点都保留了当地原汁原味的风格，体味不一样的风土人情，感受当地的自然风光，促进全域旅游的快速发展。

二、基于全新思维的全域旅游开展

（一）全新思维的全域旅游规划

基于全新思维的全域旅游倡导打破传统的旅游格局，从单一的旅游资源进行延伸，比如，文化资源、公共资源、行政资源、社会资源等，充分地调动各行各业的资源，刺激全民参与到全域旅游的打造中，充分满足消费者需求，达成消费者与全域旅游的共识，提高全域旅游的服务质量。依托当地的风土人情和土建筑，从游客的交通、住宿、购买特产等细节出发，打造不同风格的旅游景观，使得消费者能够全方位、全过程地体验不一样的风景，提升服务的质量，打造别具一格的当地特产。产品的独特性更能够刺激消费者的感官，当地产业的融合，为消费者提供一体化的服务，优化当地的产业链，为消费者提供全面的服务。

（二）社会化的全域旅游开展

全域旅游的发展依托于全民的参与，实现资源的有效整合，当地产业的融合，社会一体化的发展，有助于提高全域旅游行业的发展。旅游规划是总体的发展规划，体现旅游景区的特色，结合城市的发展，采用先进的管理理念，实现资源的合理利用，节约成本、保护自然风景，凸显当地的旅游特色。全面地围绕全域旅游调整全局结构框架，根据旅游景点的特色以及当地的风土人情，推出区域内特有的产品，提高旅游产品的纪念价值，使得全域旅游越来越具有当地的特色。区域内的行业或者部门围绕旅游景区进行相应的调整，重点突出该区域的旅游特色。

（三）全域旅游的乡村一体化

全域旅游能够有效地保护当地的自然风景，倡导人们保护周边的自然风光，保护人们赖以生存的"绿水青山"，全域旅游的发展是实现美丽乡村的重要手段之一。农村生长的农产品更加的精致，绿色食品能够养生，景区内部的产业园可以供游客体验农村的生活，自己动手丰衣足食，体验自己采摘瓜果蔬菜，感受农园的乐趣，游客能够近距离地观察大自然，感受田园风景，提升旅游的价值，放松都市生活带来的沉重压力。农民种植的农产品不用拉到很远的市区进行售卖，可以直接在地里产生价值，节省中间的人工成本，农产品也有了很好的销售渠道，农民不用外出打工，在家里就能够实现就业，减少留守儿童的数量，使得孩子们可以接受到更好地教育。

（四）全域旅游背景下的"旅游＋"

在全域旅游背景下，"旅游＋"是当下最为流行的热词，旅游产生的价值不再是"1+1＝2"，超值的旅游体验，优质的服务，特色的旅游景点，刺激消费者消费，带动农村经济的快速增长，实现其社会效益和经济效益，旅游行业能够独立的发展，并引领周边的产业，实现一体化的服务特色，实现旅游行业的全面升级。"旅游＋"产生的效果要远大于传统的景点产生的效益，为了实现资源的最大化利用，全域旅游开展需要充分地调动周边的资源，实现资源的充分利用，进而确保经济效益最大化。

（五）精准定位，全面推进旅游行业的升级

农村全域旅游开展需要精准定位，了解当地的特色和风景，提取其中重要的卖点，打造明星景区。根据区域内的特色，紧密地结合产业的升级，满足旅游市场的需求，提高消费者的体验感受，消费者能够在区域内停留较长的时间，感受景区不一样的风景，全身心地投入到旅游体验中，能够刺激周边经济的增长。全面的转型升级体现在景区向环境保护的过渡，景观经济增长向全民经济增长的过渡，人数向质量的过渡以及游客体验感的提升。由此可见，全域旅游倡导无边界，实现周边资源的融合，无景点又处处是景点，是全域旅游的核心，能够实现产业的发展，将门票经济转变为产业经济，降低门票的价格，跳出旅游圈，更加注重游客的体验价值，削弱景区内浓重的商业氛围，带给用户更好地体验。

综上所述，基于全新思维的全域旅游发展，需要创新、需要改变、需要融合，以最新的营销理念和营销手段进行全域旅游的宣传，吸引周边的居民参与到全域旅游的建设中，能够从长远的角度考虑问题，全面地进行景点的规划，一体化的服务模式能够突现景点的特色，彰显景区的风格。社会化的全域旅游能够带动周边经济的发展，乡村一体化能够确保周边的农民收入有所增加，在家就能够实现创业，不用远离家乡、父母和孩子，减少我国留守儿童的数量，农产品也能够很好地产生价值。

第三章　智慧旅游大数据分析

第一节　智慧旅游大数据概述

本节介绍了旅游大数据与智慧旅游的联系，从而引出研究智慧旅游大数据的必然性，分析了传统旅游行业，智慧旅游大数据的优点。进而分析了智慧旅游大数据及其具体模块，包括管理模块，服务模块和移动网络应用模块。随后，具体分析了智慧旅游大数据的特点，包括智能性，精准性，定制性特点，接着阐述了智慧旅游大数据的基础建模及其建模考量点，最后提出了智慧旅游大数据可以提高的地方。

一、旅游大数据与智慧旅游

（一）旅游大数据与智慧旅游的联系

旅游大数据是当今社会在大数据时代的重要开发项目。其核心是不断挖掘数据价值、创造更多的业务价值，反过来，这些价值也能为消费者提供更多、更细节的市场服务选择。让消费者有更多的选择，让智慧旅游蓬勃发展。

作为一个全新的旅游发展概念，智能旅游大数据从根本上来讲，是为了提供给游客更多样化的信息需求。智能旅游建设的成败也将基于个人经验和游客评价。将大数据等新兴科技融入智慧旅游体系中，是为了提高旅游业整体的服务水平和经济能力。同时，民企的大规模应用也会促进大数据科技的更好进步，让双方互赢，给双方行业带来更多可持续发展的可能。

（二）研究智慧旅游大数据的必然性

旅游大数据和智慧旅游这两者的结合是这个时代必然的产物，为了更加充分地利用大数据并将这些大数据价值挖掘得更透彻，就需要对更多数据进行整合分析，并通过更多旅游平台将更多新产品应用于市场。这才能使旅游行业与大数据领域不断拥有新鲜产业和活力。

（三）旅游大数据带给传统旅游行业的优点

第一就是通过旅游行业的大数据库，能够进行多方面建模，根据这些由行业数据为基础形成的模型，会更好地知道每一个城市、地区或景点的服务建设应该在哪些方面有所提高，可以更好地促进其旅游城市或旅游景点的战略性建设。第二是根据大数据分析，高效的通过旅游局和地方景点企业对景区的建设，会提供游客偏好的服务，使得景区满意度上升，吸引更多的游客前来观光，循环促进其旅游经济发展。第三是利用大数据进行产业运行状况分析，是更加准确更加便捷的方式，因为科技的进步，机器的优化，不需要更多的人工去做大量烦琐的工作。会减少很多需要大量人力、物力的成本。通过大数据，我们可以了解用户的肖像数据，掌握游客的行为和偏好，真正实现共赢，最大限度地提高资源的推广效率和效益。

二、智慧旅游大数据及其具体模块

（一）智慧旅游大数据基本情况

基于大数据科技的智慧旅游大数据应用是基于大数据的概念和结构而创造出来的产品，体用大数据技术在智能数据用户及产品等方面的深度挖掘这一强大的优势，为游客更好地提供旅游信息资源，更高效地为旅游景区提供更定制化，精准的建设目标。旅游业近几年是一个高度信息化的行业，正是因为这个原因才使得大数据介入旅游业能得以为这个行业带来对应的价值流动。所以大数据结合旅游行业创出来的智慧旅游大数据应用逐渐吸引着行业内所有人的注意。

（二）智慧旅游大数据管理模块

传统简单的智能旅游无法应对现如今行业内的需要，特别是动态数据流的存储和处理已经无法适应当今市场需求。为了确保集成系统的运行，大数据融合和挖掘需要做到更好。应运而生的智能旅游大数据应用主要包括物联网感知系统，移动设备应用，各单位云数据共享，访客反馈，网站访问者行为统计，手工采集和提交等方面。大数据智能旅游管理可以对其所包含的路径和各类数据进行更便捷地价值分析，让数据更好地被应用到这个行业之中。使管理层能够更加有力地掌握其目的地所有区域的定量信息，并能更好地理解旅游地的整体动态。

基于大数据科技的智慧旅游大数据管理系统在生态环境监控、视频监控等数据分析上也非常有优势，他可以将这些监控数据收集到一个统一的管理器中，将数据图形化、可视化。这样，也就代表着该系统可以实现大数据量化质化的更好融合。

（三）智慧旅游大数据服务模块

大数据智慧旅游服务具有收集、分析和整合大数据的能力，这个功能能够帮助这个应用更好地调配旅游服务资源。根据收集的游客消费趋势，旅游资源状况和自然环境变化数据，对旅游相关主题进行定量分析。并在过程中不断跟踪其数据，及时作出反馈，制订相对应的方案，这样的操作可以给游客带来更贴心优质的服务。

这个模块的优点主要在于对用户大数据的深入挖掘分析可以得到其用户群体的消费趋势与需求趋势，可以促进旅游景区的营销推广。对用户消费在旅游中的消费构成分析，可以使旅游景区更好地因需制订其营销产业。对用户群体的类型特点等进行分析，可以更好地找到旅游景区的推广办法，更贴心优质的为用户着想，相对应的就能够留住更多的潜在用户群体。大数据科技更快捷地帮助旅游企业了解其用户群体的需求。

（四）智慧旅游大数据移动网络应用模块

智慧旅游大数据移动网络应用模块包括很多方面，都非常贴近我们的生活。比如在公共 WIFI 方面，我们可以获取游客的公共信息，为对旅游感兴趣的目标群体发放其所感兴趣的信息与咨询，更大范围地进行推广。再比如，在旅游手机应用方面，用大数据的概念重新审视旅游手机应用，我们可以发现与传统智能手机应用相比，我们可以根据其用户公共浏览数据及定向搜索的数据为其更好地提供旅游服务、导购导航等移动产品。在旅游资讯网站，这一模块也有很好的作用，大数据科技融入旅游资讯网站，与传统的网站相比，会更好地提供更精准个性化的信息与咨询，更智慧化的可以给用户做好前期准备，购票，了解景区信息等功能。

三、智慧旅游大数据的优点

（一）智慧旅游大数据更具有智能性特点

智慧旅游大数据最显著的一个特点就是其数据可视化。换句话说，就是它可以把大量烦琐的数据信息转变为可以交互的图形，帮助其用户更好地理解数据对象分享，可以更好地挖掘出其规律，减少信息阻碍。这一个特点可以帮助我们更好地处理烦琐复杂的数据信息。旅游企业利用这一特点，可以更好地获取更有价值和创造性的信息，因此可以帮助其制订战略性的建设计划。对旅游管理机构而言，可视化这一特点可以促进多个地区资源互通，为大发展建立优势，通过共享信息和协同合作等方式，可以联合多个地区挖掘更多数据的价值。

（二）智慧旅游大数据更具有精准性特点

通过旅游大数据技术将旅游服务供应链中所涉及的参与者联系起来，实现旅游供应服务方、信息方、价值方的三方合一，为智慧旅游的营销提供更扎实的数据支持。换句话说，旅游大数据就像一个集合网络中转站。旅游服务供应链各方之间存在密切关系，某一个环节的需求发生改变，这一个网络都会收到对应的消息，促进下游链路的改变，而大数据科技可以帮助我们判断并改善这一规律。

在旅游供应商和中介结构中，数据挖掘是处理和分析企业数据并且更高效地找出企业所需价值信息最好的途径。在整合搜索高频词，内容偏好，用户行为特征等信息之后，根据大数据对旅游市场进行细分，可以更好地为潜在用户分组，识别其主要的客源市场，促进对主要潜在客户特征的准确营销和广告。更专一地为用户提供所需，保证更多潜在用户留在产业中。另外，我们可以更好地挖掘旅游市场，定向发展更多用户群体，实现更多价值。

（三）智慧旅游大数据更具有定制性特点

细分用户市场可以更好地进行私人订制旅游。当今旅游市场的消费模式已经从卖方市场转向买方市场，旅游方式也由单一的游玩模式转为集合游玩休闲，度假亲子，户外放松等更多元化的旅游模式。所以现如今的旅游需求要求旅游行业企业必须有更个性，更多元的产品，因此具有定制型特点的智慧旅游大数据能够很好地促进这个行业的发展。根据旅游大数据的支持，旅游企业可以更智能地分析出用户的喜好，为其提供更个性化，定制化的产品，能够为用户提供更全面的包括了交通方式、住宿信息、酒店信息、美食信息、天气信息和游玩项目等信息的集合，为用户更好地安排其形成，走私人定制化路线。

此外，用户在游完结束在网络各个平台针对其交通、住宿、酒店等进行的点评，智慧旅游大数据都将在后续进行收集分析。从而促进整个旅游产业链的完善，保证其用户需求和产品供应。通过大数据科技，保障旅游产业的供应链的完善，实现供应链每一个环节的紧密相连，有效地为整个产业链提供及时，适当的智能服务，是当今社会这个行业的重要竞争力。

四、智慧旅游大数据的基础建模

（一）智慧旅游大数据建模

现如今的旅游服务包括在交通方面、酒店预定方面、景点门票方面、游玩方面等一体化服务。所以其模型可以分为数据层、基础层、应用层、业务输出层。在该模型的最下面是酒店和机票等方面的数据，包括在实体店和移动端预定的票务信息和用户信息等；再上一层的基础层是基于数据信息，搭建商业化产品的基础；第三层应用层是将模型应用到机票推荐和酒店推荐、会员管理系统中；业务输出层增强了可视化显示效果，增强了其用户体验，并在之后精准的将营销信息推送给目标用户。

（二）智慧旅游大数据的建模考量点

智能旅行大数据可以按以下方式进行建模考量：首先是在用户体验方面。通过前期对用户数据的收集，从而分析建模得到的用户偏好模型、用户价值模型。其二是在数据共享方面，与传统行业相比，智慧旅游大数据建模的优势在于从大量的数据中可以更好地挖掘出更精准的商业价值，增加数据的可读性。企业通过在互联网上建立用户浏览选择轨迹的路径模型，分析用户更关注的线上信息，收集用户在全网络平台上提交的反馈，这更好地促进了企业对用户旅行意图的洞察，可以更好地与客户交互并推动营销信息。其三是在旅游和大数据的扩展方面，企业需要更好地整合包括酒店，机场，购物中心等信息，做到资源集合一体，更好地为用户提供全方面的产品提供。其四是在流量方面。例如，在联合用户票据数据和酒店数据之后，用户可以将票务信息传给酒店方面，这样他们在订购完机票之后就可以方便快速地获得酒店信息。

（三）智慧旅游大数据还需要做哪些提高

其一就是需要更好地明确自身目标，对有价值的数据进行分析，合理收集和分析有效信息。其二是在分析数据之后，需要将人工过往的经验融合到数据中，为用户进行更智能化的信息供给。其三是优化分析，在对某一目标进行分析时，结合用户数据，更智能地提供决策建议。其四是需要保护用户隐私，因为大数据科技的某些特点，用户信息泄露日益严重，政府也应当出台相应的管理措施，对企业数据挖掘和共享进行规范，保护用户隐私。其五是在营销方面的，随着大数据科技的成熟，越来越多的企业使用智慧旅游大数据，这也就意味着进入市场的竞争者越来越多，所以如何进行广告的精准投放，如何进行更有效地营销，也是我们需要改善的地方。

第二节　智慧旅游的大数据计算系统

在大数据时代下旅游业的发展和转型升级，为智慧旅游的发展创造了有利的契机。本节通过对旅游大数据在智慧旅游中的应用以及发展面临的问题进行分析，对大数据下智慧旅游的发展提出相关的建议，以期为促进智慧旅游的发展提供有价值的参考。

随着科技和网络技术的发展，在各行各业中大数据的作用可以说是越来越突出，同时也为智慧旅游的发展搭建了一个良好的平台。然而，我们也可以看到，在智慧旅游发展的过程中，仍存在着数据开放程度不足、大数据安全面临挑战、相关专业人才缺乏等诸多问题。在这样的背景下，对大数据下智慧旅游的发展进行相关的探讨则显得尤为重要。

一、旅游大数据在智慧旅游中的应用

（一）企业方面

在旅游供应链上，我们可以看到，其主要存在着交通、景点、住宿、购物、食品等供应商，而就智慧旅游而言，其大数据主要侧重于交通、景点以及住宿上。相关企业可以在搜索引擎及旅游电子运营商等的帮助和支持下，通过游客在相关旅游网站上的点击信息，实现对游客数据的精准掌握，同时通过对这些数据的挖掘，可以分析出当前游客的主要需求趋势，进而制订出切实可行的销售方案和策略。如此一来，不仅可以利用这些旅游数据实现企业的信息化管理，同时也可以针对潜在消费者实现向本企业及旗下产品的精确宣传，为企业在市场上的更好地发展提供新的销售模式。

（二）政府方面

当然，除了为旅游链上的相关企业创造经济效益外，在政府监管方面，旅游大数据也为其带来了极大的便利。①政府部门可以利用旅游大数据实现对旅游业的宏观管理，实现对该公共服务主动权的获取和掌握，进而提高旅游业公共服务能力，为旅游景区长远发展奠定了坚实的基础。②通过相关旅游大数据，还可以加强政府部门之间的横向合作，同时将旅游链上的相关企业纳入相关统计系统中，从而为旅游业建立起跨行业、跨区域的资源共享机制。不仅如此，利用这些大数据，政府部门还可以实现对旅游产业相关信息的发布，在促进信息引导能力提升的同时，也为旅游业的发展创造了良好的舆论环境。

（三）游客方面

想要准确地把握智慧旅游的核心价值，那么利用大数据对游客进行必要的挖掘和分析可以说也是至关重要的。就游客方面而言，旅游大数据主要来源于游客对旅游信息的查询、门票的支付、路线的导航、住宿购物中的快捷支付、游玩过程中朋友圈的分享等各个方面。通过对这些来源于游客的大数据进行挖掘，可以分析出游客的发展趋势，进而实现企业对产品战略的优化，从而也可以更好地服务于游客。由此可见，通过智慧旅游不仅让游客有了全新的旅游感受和体验，也在很大程度上满足了大众需求，同时又刺激了消费，促进了旅游业的健康发展。

二、旅游大数据在智慧旅游中面临问题

（一）大数据开放程度不足，加大了收集和分析难度

就智慧旅游而言，目前存在的最大问题可以说便是相关旅游数据信息收集和分析的难度较大，其主要表现在如下几方面：随着大数据理念的渗透，人们对其价值愈发重视，因此不少平台都将其作为自身发展的重要资产。比如我们熟悉的"去哪儿""携程旅游"等在线旅游平台就掌握着庞大的数据，然而这些数据并不是开放的，如此也就加大了数据收集的难度。由于目前计算机大多只对占据互联网流动信息 10% 左右的结构化数据进行相关的处理，对另外 90% 左右的非结构化数据并不能进行相关的处理，如此也加大了旅游数据信息收集和分析的难度。除此之外，受技术、资金等限制，也使得大数据集成存储的相关硬件、软件设备在各大景区是相当缺乏的，从而也加剧了数据存储、管理的难度。

（二）缺乏既懂旅游又懂大数据的相关专业人才

就大数据而言，其挖掘和分析的技术性可以说是相当强的，对于旅游从业人员来讲，想要在短时间掌握难度并不小。而对于懂大数据的专业人士，极少愿意从事旅游行业，且相关旅游知识和技能也需要再学习。如此一来，也使得目前在智慧旅游中，既懂旅游又懂大数据的相关专业人才是相当匮乏的。

（三）旅游大数据面临严峻的安全问题

虽然智慧旅游的发展给游客带来更多的选择和便利，但不可否认的是，在其发展过程中，其大数据安全性也面临着严峻的挑战。我们可以看到，在智慧旅游中，游客可以实现对旅游信息的在线了解、交通工具和酒店等的在线预订以及购物娱乐过程中的在线支付，但在这过程中，也加剧了游客个人信息泄露的风险，同时我们也可以看到，移动终端漏洞、移动支付安全等问题也是频频发生。对旅游线上企业而言，在大数据时代下其面临的安全挑战也是尤为严峻的，一旦在数据的存储和使用上发生漏洞，其对企业造成的伤害将是毁灭性的。

三、大数据下智慧旅游发展对策

（一）加快建设和完善旅游基础数据库

直接提供我国旅游信息服务水平最直接有效地方式就是建立基础旅游数据服务，通过数据采集积累，再结合当前信息技术顶端的云计算、大数据以及数据发掘等计算机手段，旅游基础数据服务就可以整合全国甚至海外旅游数据资源。在信息媒体推广上面，旅游基础数据库可以与搜索网站、门户网站、以及旅游电子商务合作，进一步健全信息，尽量实现数据覆盖。旅游基础数据库通过数据整理分析，可以协助旅游运营机构及时调整经营策略，加强旅游服务行业的行政监管力度，提升公共服务形象和执行力。公共单位还应促销旅游信息数据升级利用，实现旅游数据与旅游机构、终端用户的交互体验。

（二）培养复合型旅游人才

随着信息时代以及智慧旅游的发展，对旅游企业而言，想要在白热化的竞争中占据一席之地，培养并吸收一批具有一定开拓创新能力和实践操作能力，同时既懂旅游，又对互联网等技术有一定掌握的复合型旅游人才可以说是至关重要的。这就要求各大高校在旅游人才培养方面，应根据大数据时代下对人才的要求来制订相关的教学计划，并在实践中不断完善课程体系，强化对复合型旅游人才的培养。

（三）提升大数据智慧旅游管理效能

当前，政府旅游行政单位已充分利用大数据完成行政能力的提升。例如：通过旅游大数据系统的数据分析，制订和调整旅游事业经营管理策略，对重点实践节点的旅游黄金环节加强监控，各大景区通过行政指示提前做好高峰期的旅客管理分流工作，并完善相关服务体验配置，大大提升旅游安全和游客游览体验。另外大数据智慧旅游管理也为经营企业提供了科学的数据支持，景区逐渐实现粗放式向精细智能化管理的过渡，服务项目种类和人群细分都得到质的提升。同时，数据安全也需行政管理部门提上管理日程，健全旅游数据安全体系建设，加强线上和线下支付风险控制。

综上所述，就大数据而言，其在现如今各行各业中所起到的作用可以说是不容忽视的，而在智慧旅游中，其大多表现在对线上旅游的应用上。同时，随着社会消费需求的提升，人们对信息资源以及相关数据的依赖性将会逐步增大，也将会使得大数据在旅游业中的应用会更加广泛。尽管智慧旅游目前仍处于发展的初级阶段，但是可以相信的是，在社会经济的进步以及相关数据技术的完善和发展下，必将为智慧旅游创造更好地契机，从而推动其不断发展。

第三节　大数据在智慧旅游的分析和应用

旅游大数据是一项新兴的旅游发展理念，在很大程度上满足游客的多元化信息需求、体验需求，旅游大数据建设的基础是游客的亲身体验和评价判断。在现代化社会的发展中，大数据技术在智慧旅游系统建设中得到了有效应用，在很大程度上提升了旅游服务管理的整体水平，有助于树立良好的旅游形象，创新并优化现有的旅游管理模式，为旅游服务行业的持续、稳定发展提供保障，本节主要分析了大数据在智慧旅游的应用。

旅游业属于信息密集型产业，旅游行业参与人员需要通过高效的信息沟通方式，获取并发布更多的旅游信息，获取节省成本的优质服务。大数据技术是旅游信息整合的关键技术之一，智慧旅游的核心是服务，大数据技术在智慧旅游中的应用，在很大程度上满足游客的实际需求，为提升旅游服务水平提供了支持。基于此，本节阐述了旅游大数据发展的必备要素，分析了大数据时代智慧旅游管理现状，总结了大数据在智慧旅游中的应用途径。

一、智慧旅游发展的必备要素

（一）基础设计建设

在硬件设备建设、软件开发维护到数据库建立全过程中，都需要强大的底层服务作为支持，专业的数据中心可以提供强大的储存、运算等云计算服务，专业队伍需要做好日常数据更新和维护工作。

（二）公共服务平台

公共服务平台是指向游客提供服务的信息服务平台，如智能服务中心、电子政务平台、旅游电子商务系统等普遍由政府部门建立，而途牛、携程等由互联网企业建立，这些平台中汇集了大量与旅游景区相关的数据，游客可以根据评价和价格进行选择。

（三）应用层面

在旅游大数据实践过程中，需要游客的大力支持，以满足广大游客的实际需求，这就需要提供丰富的服务资源，以获取游客的信任，这一过程中需要采集大量数据，使游客利用智能终端，如手机、iPad、PC、自助终端机等，直接获取平台中的信息资源，合理地规划并制订出行路线、票务办理、餐饮预订、获取优惠等内容，并得到服务后予以评价，为游客提供便利。

（四）运用于对旅游行业的定位

旅游企业通过对大数据技术的广泛应用，能够迅速准确地掌握消费者的喜好及其多元化的需求，从而作出正确的决策，制订出相应的产品线路，有利于促进企业的转型升级，提高企业自身的发展水平，促进旅游行业的发展及我国国民经济的发展。此外，大数据技术运用于旅游行业，还有利于旅游行业对其市场进行精确的定位，挖掘数据中的价值并根据其价值来对旅游产品进行开拓创新，进一步提升其市场竞争力。并且通过大数据对市场进行精确定位，了解到旅游行业的市场特征以及市场竞争者的发展状况，从而企业根据自身的情况制订更好地解决方案，有利于旅游品牌市场的个性化发展，使得旅游产业快速、健康发展。

三、大数据时代智慧旅游管理现状

（一）基础设施建设有待完善

在大数据时代，我国智慧旅游管理仍处于初级发展阶段，基础设施建设无法满足大数据发展的实际需求，导致我国信息基础建设不足，很多旅游景区覆盖了无线网，但在旅游大数据进一步推进过程中，仍具有很大的发展空间，在未大力建设信息基础设施的情况下，旅游产业发展过程中无法合理地配置各项要素，导致整合度不足，在很大程度上影响着旅游平台建设中的监管力度和智能化发展。另外，信息基础设施建设不足与政府信息化系统防护能力发展滞后息息相关，在未建立信息化系统的情况下，无法有效地保护公众数据，出现一系列安全隐患。

（二）未充分挖掘资源价值

在旅游产业的快速发展中，旅游管理部门未充分挖掘基础数据库中的资源价值，缺乏对数据共享、数据开放的重视，在建设基础数据相关应用程度的共享和开发力度不够，阻碍了资源整合和协调工作的实施，无法充分发挥出大数据技术的优势。除此之外，在大数据时代，旅游行业发展中忽略了数据的重要性，无法将数据作为旅游行业发展的重要展览资源，导致工作人员在采集各项数据中出现不规范行为，无法及时地更新各项数据，且在政策局限性的影响下，很多地区无法实现数据共享，甚至存在各自为政的问题，无法实现数据共享。

（三）缺少智力支持

在现代化社会经济的快速发展中，智力支持在智慧旅游管理中发挥着十分重要的作用，技术人才的减少阻碍了智慧旅游管理工作的持续发展。在智慧旅游管理过程中，工作人员的综合素质还有待提高，未掌握智慧旅游管理相关的理论知识，实际业务经验不足，无法进行实际操作，极易出现同一事项不同人员处理结果存在很大偏差，数据无法有效地反映出旅游业的财务状况和经营成果。除此之外，工作人员未针对信息技术系统进行深入学习，计算机应用素质有待提高，智慧旅游管理理念相对薄弱。在智慧旅游管理过程中，管理人员不能只注重数据收集、分类、各项业务整合工作，还需要实时分析各项管理指标，及时地预警并反馈各项问题，有效地规避各项风险，为旅游业的持续发展提供支持。并且，强化工作人员技能培训力度，树立正确的工作理念，进一步提高工作人员的专业技能和实践能力，提升智慧旅游管理的整体水平。

四、大数据在智慧旅游的应用

（一）将互联网思维渗透到旅游大数据建设中

在互联网时代，很多先进技术已融入各个行业的发展中，旅游业变革是发展的关键，旅游管理人员需要树立互联网思想，推动旅游业的变革和发展，互联网思维的本质是创新、用户、共赢和重构，将其渗透到智慧旅游建设中，有利于提高智慧旅游管理水平。其中，用户是指将用户作为中心，深入分析用户的实际需求，并对其进行引导，以满足用户的各项需求；共赢的核心是平等、开放，改善了传统旅游时代产业内部和各个产业之间的不良竞争，实行合作共赢的发展机制；重构的重点是业态、产品、组织、经营的重构，为旅游业态、产品和服务模式的创新提供支持，进一步实现旅游业转型升级、跨越发展。

（二）加强旅游大数据管理人才培养

在新时期的快速发展中，旅游行业得到了不断地进步和发展，社会各界对旅游产业的重视程度不断提高，智慧旅游管理人员需要改变自身的学习观念，更好地适应大数据时代的工作，工作人员需要改变传统思维的局限性，接受更多现代化技术和理论知识，不断提高自身的综合素质，创新并优化智慧旅游管理模式，接触更多新知识，开拓自身的视野，进一步提高员工的学习能力。除此之外，员工还需要提升自身的电脑操作能力，认识到大数据技术在智慧旅游管理中的作用，确保智慧旅游管理人员掌握专业知识，实现智慧旅游管理的规范性，管理人员在处理各项事务的过程中，需要充分利用大数据技术，提高智慧旅游管理的整体水平和整体效率，为智慧旅游行业的持续、稳定发展提供保障。

（三）运用于旅游行业的开发及创新

随着信息技术的不断发展，微信、微博等越来越多的自媒体平台在迅速崛起，消费者分享信息共享地点也更加便捷，通过网络评论能够形成一个巨大的数据库，旅游行业可以运用大数据技术对网络上的评论进行数据搜集及分析，建立旅游信息库，进一步了解并分析消费者的旅游需求以及旅游产品所存在的不足，从而对其产品进行改进与创新，并且有针对性地制订产品线路及企业的发展策略，提高企业的服务能力，以更好地满足消费者多元化的需求，提高旅游服务的质量，进一步提高企业的市场核心竞争力。

（四）打造旅游咨询服务体验中心

在社会经济的快速发展中，人民群众的生活质量在不断提升，大家对旅游行业发展提出了更加严格的要求，为了满足大家对现代旅游工作的实际要求，旅游业需要打造旅游咨询服务体验中心，构建以政府部门为主导的公共服务、企业主导的服务联动模式，如在机场、火车站、汽车站、高速公路服务区、商业集中区建设旅游咨询服务体验中心。各级旅游管理部门需要协调发改、财政、交通等政府部门，制订可行性的激励政策，大力实施旅游咨询服务体验中心示范工程，引导各地旅游咨询服务体验中心快速、有序建设，为人民群众提供更加优质的服务。

综上所述，在大数据时代的快速发展中，旅游大数据体系建设具有重要意义，旅游大数据工程具有一定的系统性，需要政府部门的大力支持以及各个相关部门的共同努力，为智慧旅游管理工作的进一步发展提供支持。在智慧旅游管理工作中，管理部门需要大力整合并应用现有的基础资源，建立完善的智慧旅游运营体系，有效地改善智慧旅游管理中的信息不对称问题，提高旅游行业的服务能力，为构建智慧旅游管理新局面提供支持。

第四节　一流智慧旅游大数据应用平台

在经济和社会效益方面，现有的科技成果已经被社会认可和接受。凭借先进的后台管理技术，借助游客智能终端获取游客的旅游活动的详尽信息，为广大商家进行客户关系管理、企业运营及问题诊断提供基础数据；科技成果被运用于旅游领域，获取相应的经济收益，使得研发活动能进一步向更高水平的纵深方向得以延续。

一、增强研究创新驱动力，全力打造学习型平台

（1）要把提升研究创新能力作为研究院发展的主线，作为增强核心竞争力的第一任务。以加快培养学习型、研究型、创新型研究团队为目标，坚持"讲方法、求实效"的方针，进一步解放思想，改进学习方法，丰富学习内容，创新学习载体，健全学习制度，增强学习意识，提高学习效果，培养一支熟悉旅游经济理论，掌握科学研究方法，了解行业发展动态，准确地捕捉旅游经济与会展经济社会发展热点和难点，敢于独立思考，能够积极谏言献策，乐于创新的高质量研究队伍。

（2）建立以个人为主、智慧旅游大数据应用平台研究团队引导的二级学习体系。制订个人、院级学习计划，针对个人薄弱环节、所主要业务、全院人员共同需求，有目的地开展学习活动。鼓励教师面向实践、面向基层、面向经济社会发展中的热点、难点问题，大胆地走出去开展调查研究，从实践中汲取新鲜血液，激发创新灵感，提升教师把握现实、

洞悉变化、解决问题的能力。教师每年到基层调研的时间不少于全年工作时间的1/10。每年聘请3～5位国内知名专家讲授旅游经济的热点、各领域前沿动态。每年组织院内教授、副教授、博士围绕本研究领域、重大课题研究、形势报告开展一次专题讲座。鼓励支持教师外出参加各类培训、参观和考察，安排专项经费，确保每人每年参加各类会议、论坛、学术交流等活动一次以上，学习先进理念和做法，开拓研究视野。

（3）开办创新论坛。积极探索好机制、好形式、好方法，制订具体计划，正式启动创新论坛活动。以院内教师为主，吸收各高校、各部门、各行业教师参加，围绕研究的选题、方法、成果的创新，特别是政策建议的创新，开展有学术规范、学术交锋的学术活动，加强交流和学习，为武汉研究事业创新能力的提升作出积极贡献。

二、突出特色研究领域，全面提升平台研发能力

（1）围绕大局开展重大问题研究。围绕武汉市经济社会发展大局和"十三五"规划纲要的实施，就加快转变经济发展方式、经济结构调整、区域经济布局、建设两型社会、自主创新能力提升和民生改善等一系列重点、热点问题深入开展阶段性、前瞻性研究，为全市经济社会持续健康快速发展提供参考与支撑。

（2）积极申报国家、省（部）级纵向科研课题。建立和完善研究院的科研管理服务机构，做好申报工作的前期准备，及时发布申报指南。鼓励全院教师积极申报或合作参与国家、湖北省、相关部委以及武汉市的各类社科项目和软科学项目。注重对年轻教师的扶持与培养，创造各种便利条件，鼓励支持其参与各级各类社科和软科学项目，争取项目中年轻教师参与度达到课题组成员的50%以上，充分调动、发挥年轻教师的研究和创新潜力。在主持承担、参与国家、省（部）级课题的基础上，加强与国内外其他研究机构的交流合作，帮助科研人员开启思路，开阔眼界，提高研究素养和研究水平。

（3）积极拓展新的研究领域。坚持面向社会、面向市场，各所都要关心企业、研究企业和服务企业，为企业发展提供决策咨询和战略规划研究。积极争取与区内外有实力、有潜力的企业集团建立长期合作关系，将自身在政策和应用研究方面的优势与生产实际有机结合，实现促进企业发展和推动成果应用的良性循环。立足武汉跨越式发展和大力改善民生的实际需求，紧密结合武汉市资源开发可持续、生态环境可持续发展理念，深入开展资源、环境、生态和社会民生等领域与经济学的交叉研究，不断地提高研究成果应用水平，提升研究层次和理论支撑能力。与时俱进，适时调整研究视角，把握时代脉搏，密切关注新趋势、新需求，鼓励开展健康产业、文化创意、娱乐休闲、旅游服务等相关领域的研究。

（4）鼓励支持自主创新研究。以培养教师的自主创新能力为根本，鼓励教师树立以思想独立、求实创新为主要内容的研究准则，制订完善相关鼓励和扶持政策，注重理论与实际的结合。每年安排专门的调研经费，协助有需求的教师顺利完成调研和分析总结，使所有的教师都具备"走得出、下得去、拿得起、顶得上"的独立研究能力。为年轻人创造良

好的创新和发展环境，鼓励年轻教师积极通过"万元课题"、课题奖励、纵向课题配套等途径实现自主创新。

三、加强管理创新，构建平台高效服务体系

智慧旅游大数据应用平台研究团队的改革创新要有大胸怀、大思路、大气魄、大谋略，按照有利于单位发展，有利于个人进步，有利于研究提升的原则，建立先进的体制和机制，激发研究潜能，焕发创新活力。

（1）加强制度建设。围绕提升研究服务水平，建立健全各项规章制度，推进制度建设的规范化和科学化。重点加强科研管理、日常管理以及服务管理等制度的修订，提高制度的配套性和系统性。完善全程化的科研管理制度。对课题申请、立项论证、组织实施、检查评估和成果申报实施全程管理，确保各项研究任务保质保量完成。完善严格的日常管理制度。加强效能建设，强化内部管理，重点完善考勤、会议、用车、档案管理等制度，着力营造良好工作氛围，确保各部门工作高效有序。完善规范化的服务管理制度。以提高委托方的满意度为中心，明确服务前、中、后期的范围和质量要求，不断规范各类服务行为，探索实施服务质量评价制度，确保树立优质、高效的服务品牌。

（2）健全长效发展机制。以推动研究院持续发展为目的，构建长效发展机制，推动持续改革，努力挖掘发展潜力，不断激发发展活力，形成促进跨越发展的合力。健全主动自觉的学习机制。健全各项学习培训制度，对学习活动的组织和考核提出明确要求，着力培养自主学习的良好习惯，营造相互交流的学习氛围，鼓励"百家争鸣"，努力打造学习型、创新型、研究型团队。健全求新求变的创新机制。重视研究院文化的导向作用，引导全院形成"谈创新、思创新"的文化氛围。加强对创新理论、创新方法的学习，重视学习培训对创新的启发和引导。

四、加强人才队伍建设，提升科研队伍素质

本着提升能力、服务发展，优化环境、以用为本的原则，紧紧围绕研究院发展战略目标，以能力建设为核心，以适应发展为目的，狠抓人才培养、人才引进和人才使用三个环节，努力构建充满生机和活力的人才工作体制和机制。

（1）优先做好对现有人才的培养。根据研究院发展需要，及时开展形式多样、针对性强的学习培训，重点培养各办、所中青年骨干人才，鼓励硕士攻读博士。力争到 2021 年，拥有博士以上学位的教师比重占到全院的 20% 以上，拥有高级职称人数达到教师队伍的 40% 以上。以培养骨干人才、领军人才为重点，构建研究院人才梯队，培养中青年骨干人才 15 人以上，培养、引进在国内外有较高知名度的科研领军人才 3 ~ 5 人，形成优势互补的研究队伍格局，提高研究院可持续发展的能力。

（2）大力引进外部优秀科研人才。继续抓好高学历人才引进工作，特别注重引进专业

知识对口、有研究积累的博士研究生，力争未来三年内，引进博士以上学历的教师五人以上。制订优惠政策，围绕研究院优势特色研究领域，积极引进高层次科研领军人才和创新人才，着力培育一支有利于优势研究领域形成和创新型研究院建设与发展的人才队伍。

（3）创新人才发展体制和机制。创新人才管理体制。坚持市场机制与行政手段相结合，加强对人才工作的领导，建立人才工作目标责任制，统筹人才发展和研究院发展，推动人才管理向为人才发展创造良好发展环境、提供优质的公共服务转变，运行机制和管理方式向规范有序、公开透明、便捷高效转变。打破论资排辈，促进人才合理流动。

五、扩大对外合作，拓宽平台发展空间

走开放研究、合作创新之路，建立灵活的机制，制订具体的措施，搭建开放合作平台，使研究院成为优秀人才的汇集中心，各类思想观点的交流中枢。鼓励全院人员积极走出去，拓展发展空间，提升研究水平。开展合作交流。扩大研究工作的交流与合作，大力推动不同领域、不同学术思想的交流。加强与政府、旅游及会展管理部门、高等院校、科研院所和企业的合作交流，探索共建产学研基地，联合申报国家社会科学基金项目或者国家自然科学基金项目，组建优势互补的联合科研团队，合作课题攻关调研等形式，形成优势互补、合作共赢的科研运行机制。扩大对外开放，探讨多种形式引进人才的办法，在（联合）培养研究生方面取得新突破。加强同国内外相关研究单位的联系。组织研究院教师到相关的一流科研院所、高等院校进行考察调研，积极创造研究院教师参加国际学术会议的机会，加强与国外有关单位联系，为年轻人出国考察学习和研修深造创造条件。请进来补己之短，聘请国内外知名专家作为名誉教授或客座教授。

第五节　智慧旅游的大数据平台体系架构

随着新一代信息技术和旅游业的融合发展，人们开始越来越多地关注和研究智慧旅游。智慧旅游涉及物联网、大数据、云计算等技术，本节主要探索基于智慧旅游的大数据平台体系架构问题。

百度百科对智慧旅游的定义：智慧旅游是一种以物联网、云计算、下一代通信网络、高性能信息处理、智慧数据挖掘等技术在旅游体验、产业发展、行政管理等方面的应用，使旅游物理资源和信息资源得到高度系统化整合和深度开发激活，并服务于公众、企业、政府等的面向未来的全新的旅游形态。

这样看来，智慧旅游也就是通过现代信息技术和旅游管理、旅游服务、旅游营销的融合，以游客互动体验为中心，使旅游资源和旅游信息得到系统化整合和深度开发应用，并服务于游客、企业和政府的旅游信息化的新阶段，包括智慧旅游管理、智慧旅游服务和智

慧旅游营销三大体系。智慧旅游管理就是智慧化管理，通过信息技术，准确掌握游客活动信息、企业经营信息，实现行业管理由被动、事后管理向全程管理及实时管理转变。它包括与其他部门例如交通、气象、测绘、公安、卫生等的信息共享，协作联动，建立预测预警机制，实现联合管理服务；通过大数据应用管理，提高科学决策和管理水平，推动企业信息化。智慧旅游服务以服务游客为核心，从游客行前、行中、行后的旅游需求出发，通过网络、云计算、通信等新技术，提升游客旅游体验，推动传统旅游消费方式向现代旅游消费方式转变。包括服务于游客行前、行中和行后的各类咨询、导览、导游、导购、导航等智慧化旅游服务产品。智慧旅游营销是通过旅游市场分析和网络大数据分析，挖掘旅游热点，游客关注点，引导目的地旅游营销机构、旅游企业策划营销对应产品的营销方式。

一、智慧旅游中的大数据

大数据（big data），指无法在一定时间范围内用常规软件工具进行捕捉、管理和处理的数据集合，是需要新处理模式才能具有更强的决策力、洞察发现力和流程优化能力的海量、高增长率和多样化的信息资产。旅游业一直都属于信息密集型产业，其中包含大量的信息和数据，涉及交通、餐饮、各种服务等信息。随着社会的快速发展，人们的生活质量不断提高，人们的旅游需求也愈发多样化，传统的旅游业管理理念和模式已经无法满足人们的旅游需求。大数据的应用在一定程度上推动了旅游业的发展，解决了旅游业管理中存在的问题。

智慧旅游数据主要来源于五个方面：一是基础数据，主要包括旅游目的地的各种数据，例如票务数据、酒店数据、餐厅数据、景区人流监控数据、景区自然资源监控数据、景区电子商务营销统计数据等；二是纵向旅游管理部门的数据，例如国家旅游局、省市县区各级旅游管理部门的数据；三是横向联合管理数据，包括气象、交通、环保、测绘、公安、卫生等横向联动数据；四是运营商的数据，包括移动、联通、电信关于景区或游客的各种数据；五是互联网数据，主要是在线旅游服务商（OTA）以及各大搜索引擎数据。

二、基于 Hadoop 的大数据平台体系架构

Hadoop 是一个由 Apache 基金会所开发的分布式系统基础架构，用户可以在不了解分布式底层细节的情况下，开发分布式程序，充分利用集群的威力进行高速运算和存储，Hadoop 实现了一个分布式文件系统（Hadoop Distributed File System），简称 HDFS。Hadoop 由许多元素构成。其最底部是 HadoopDistributed File System（HDFS），它存储 Hadoop 集群中所有存储节点上的文件。HDFS（对于本文）的上一层是 Map Reduce 引擎，该引擎由 Job Trackers 和 Task Trackers 组成。通过对 Hadoop 分布式计算平台最核心的分布式文件系统 HDFS、Map Reduce 处理过程以及数据仓库工具 Hive 和分布式数据库 Hbase 的介绍，基本涵盖了 Hadoop 分布式平台的所有技术核心。

三、智慧旅游平台应用需求架构

（一）智慧旅游平台应用需求架构

采集层。采集层负责全面地感知旅游信息，不论是外部数据还是内部数据，均应实时、准确、客观地进行采集。

网络层。网络层主要起传输的作用，主要的网络体系例如移动网络、物联网、无线WIFI 等，它的作用是将采集层的数据传输到数据处理层。

数据处理层。数据处理层主要负责对各类信息的分析处理，该层可能会用到人工智慧、云计算等技术，用以实现对信息的管理、分析、计算和处理。

应用层。应用层包括各种应用系统，比如电子商务、票务系统、政务系统，等等，各系统面对不同的客户端，有各级旅游管理者，有游客，也有各级服务供应商。

用户层。用户层来源于应用层，是应用层各级用户应用的重新归类，包括各级旅游管理者、游客、服务供应商。

（二）智慧旅游用户子系统

根据平台用户类型以及功能应用的不同，将平台的功能模块划分为智慧服务、智慧管理、智慧营销三大子平台。旅游者可通过智慧终端子平台随时随地获取旅游景区的最新实况信息，可自行查询感兴趣的相关旅游资讯并可进行在线咨询。同时智慧服务子平台还能够为消费者推送出行计划，提供订票业务，消费者可享受景区的导览服务。旅游行业相关管理单位可通过智慧管理子平台实现车辆监控、安全监控、游客流量统计、受理投诉等。旅游商家通过智慧营销子平台发布旅游资讯、向旅客推送和介绍旅游路线、酒店、餐饮、特色商品，分析各景区旅客流量、进行广告营销等。

1. 智慧服务

在智慧服务子平台下，游客可通过各种客户端登录购票系统进行订票，并可以通过微信、支付宝等进行在线支付。旅游资讯系统可为游客提供旅游咨询，游客可根据自身需求规划具体路线，还可享受景区的导览、酒店、餐饮、购物等服务。在游客游览景区时，可应用智慧导览系统，根据系统提供的电子地图和语音实时实地进行游玩，游客可通过移动终端随时查看景区游客流量及分布，从而调整自己的旅游路线，避免出现长时间排队和拥挤等情况。同时，智慧服务子平台还为游客提供呼叫投诉平台，游客可随时随地进行求助、报警等。

2. 智慧管理

智慧管理子平台在实现导游、旅行社、旅游管理单位三者之间的信息衔接管理与实时监控的同时，还可分析统计数据、报备行程等，为导游工作以及相关管理工作提供极大地的便利。智慧安全防护系统可实现对景区安全的实时监控，当出现设施故障、火灾等情况时系统会自动报警，并向管理人员推荐处理方案。智慧感知设备可实时监控景区游客流量，并可分析统计流量，为管理部门控制和管理景区客流量提供科学的数据支持。车辆实时监控系统负责监控景区车流量、查询车辆及驾驶员信息。投诉报警系统可确保游客的安全、规范景区商家的经营。

3.智慧营销

智慧营销子平台的功能模块包括旅游线路、酒店、线路、餐饮、商品推荐、营销推广、经营分析、业务统计等。

智慧旅游和大数据时代已经到来，我们通过手机就能了解世界，体验旅游。建立基于Hadoop的底层存储和运算平台，通过不同路径采集更多的在线数据，利用旅游大数据算法模型进行数据统计分析以及数据挖掘，根据智慧管理、智慧服务、智慧营销建立应用子系统，最终提高旅游市场的竞争力。

第六节　大数据挖掘：智慧旅游的核心

为了大力发展我国旅游行业，国家旅游局已经明确要求各个旅游景区建立门票预约的相关制度和对景区旅客的密度预测机制以及游客对整个旅游行程的舒适度进行评价的相关机制。这些因旅游而产生机制是对相关分析数据进行相应的分析而产生的。本节主要分析了在大数据时代下，智慧旅游的相关核心内容有哪些，促进了我国旅游行业的不断发展与进步，探讨了旅游行业的发展方向，阐明了智慧旅游在大数据时代下的信息共享内容。

我国经济的发展提升了国民生活水平，与此同时，带动了旅游产业的不断升级，尤其是在我国逐步进行大数据时之后，科技的发展加快了旅游行业的不断更新与发展。现如今我国已经进行理性旅游与智慧旅游的阶段，同时也已经成为旅游行业的发展趋势。现阶段我国已经开发出大量专业旅游网站为消费者提供相关的服务，我国已经初步实现了在大数据下开发智慧性旅游。

智慧旅游的相关概念起源于江苏省，利用地理地貌优式，通过打造智慧旅游行程优化旅游项目，经过政府相关职能部门的扶持，更好地将旅游业发展起来，带给当地旅游产业大量的经济收益为主。而感动芯属于智慧旅游中核心技术，感动芯技术同样也是由江苏省首先开始研发的，属于在旅游中对游客的相关体验以及对旅游过程中的相关管理内容等方面融入相关的物理与数据信息资源，形成的一种新的服务形态，与此同时，利用其融合后的新形态再重新用于对旅游市场进行服务。智慧旅游的核心内容主要以数据信息技术以及通信技术为前提条件，实现游客与网络之间的实时互动，使旅游便变得更加智慧化与科学化。

一、智慧旅游数据分析

近几年，我国的旅游行业发展速度较快，这与我国社会主经济基础建设的不断发展是分不开的，科学技术的发展，使人们开始大量的使用电子网络技术。在科技行业不断更新与创新的今天，通过手机上的相关 APP 就可以在网络上完成各种出行时的预订（比如：可以预定住宿用酒店、各大景区门票、搜索各个景区内有名的小吃等）这样的网站利用率极高，也方便游客的出行。可以根据网络提供的数据对想要选择服务的价位，以及其他消费者对其服务的评语，还有旅游攻略网站对这些商家提供服务的评语，比如：在住宿时对酒店内空气质量的价、床的软硬程度、饭菜是否可口、用餐环境是否清洁与在旅游景区体验到的公共服务的满意度以及对景区内公共设施是否齐全等各种数据信息，此类数据能够以图片、文字甚至是音频的形式存在。随着科技的不断发展，我国大多数的景区以及酒店的内部的所有管理系统等产生的大量智慧旅游能够使用到的相关数字与图片以及大量的视频等数据都要采用科学的方法对其进行合理的分析。可依据这部分的数据选择旅行社时，还要以有在网络上寻找相关的评价，用来初步判定对方是否适合自己的需求，这些数据信息量非常庞大。

二、大数据挖掘技术在智慧旅游中出现的问题

近几年，在我国旅游行业的发展过程中，旅行社以及旅行相关的产业链也开展蓬勃地发展起来，在各个景区附近犹如雨后春笋般涌现，在大多数的旅游链条产业中都以小型家族产业为主，没有运用丰富管理经验支撑更不用提制订相关的管理制度并且加以执行，这些旅游相关产业链内部的管理责任不明确，致使一部分的游客在游玩中的体验非常的糟糕。

三、大数据挖掘技术在智慧旅游中的应用

（一）大数据挖掘在智慧旅游营销中的应用

传统旅游产业在我国开始迈向大数据时代时就发生的微妙的改变，现如今，我国在发展现代化旅游行业时企业与消费者可以利用电子商务的方式的沟通方式，主要是依靠计算机网络系统实施相关销售活动，这种方式被称为网络旅游营销。以在网络上推广、实施相关旅游销售内容为主。在大数据时代中利用先进的科学技术手段加强智慧旅游中的营销管理，能够使 O2O 模式得以完美实施，主要利用线上销售活动促进线下销售量的提升，在线上可以通过互联网进行相关的预定活动与一系列的促销活动以及独特的富有个性化的服务促进线下商店与消费者的互动，为了能够满足消费者的个性化要求，使销售量的不断攀升，在这一过程中能够有效地使线上用户变为线下用户。科技的进步与时代的发展促进各行各业发展模式的改变，比如：现阶段，游客可以通过互联网络在手机相关客户端预定相关行程，当旅游公司可以在此次行程中提供给游客满意的个性化服务时，待到下次出行必然会首先找到这家公司，为其进行服务。

（二）大数据在旅游景点推荐系统中的应用措施

我国经济基础的不断发展有效地带动了国民生活水平的提高，间接地提升人们对旅游的渴望使旅游行业的业绩也跟着不断攀升，与此同时旅客对旅游中得到的服务质量与旅游区域内的景观要求也在的提高。现如今，在旅游市场中相同同类别的景区偏多，因此各大旅游公司都将目光投入到怎样投其所好，根据有着不同需求的消费者的不同情况，为其提供一个让其满意的个性化旅行行程，可以把加权挖掘算法加入到为游客推荐个性化服务中，把智慧旅游中平等对待每个小细节，依据游客的喜好为其推荐相关的景区，再将其整理成相关的原始数据并不断地将这些数据进行更新，并将这些数据反馈给游客，专业的程序会自动定位游客喜欢的景区，这就是旅游景区推荐系统在使用过程中给游客带来的便捷，在其系统中有大量的景区可供游客选择，不同的景区内还有很多不同的小项目随时等待游客选用。一旦游客与具体项目之间出现了交互的情况出现这种现象被称作一次事件，比如：一位游客已经在某个景点内购买了一个比较有特色的包，这个包被称之为项目，此次消费被称之为事件。可以通过科学的使用关联挖掘算法：商家能够依据游客的这次消费事件，将游客的这次消费行为实行更深一步地延伸，并且还要深层次地将游客还未提出的需求挖掘出来以此为前提，使系统可以自动地选出与其相关的旅游景区，让游客在进行消费前可以自由地选择自己喜欢的景区游玩，有利于旅游业的发展。

（三）大数据在智慧旅游管理中的应用措施

在大数据时代中，把先进科学技术与智慧旅游管理两者有效地融合在一起，可以将旅游产业中的各个商家内部相关的管理流程进行科学的优化，除此之外还要对游客的各种数据信息实施相应的收集以及积累，还要对收集好的数据信息实施进一步的分析以及挖掘，使各大酒店或其他商家能够依据消费者的消费特征与个人偏好为其推荐有可能适合消费使用的旅游相关产品，可以有效地对游客的购买能力进行相应的提高，旅游景区有责任对游客人数实施调整与控制，并且还要对其进行疏导，旅游行业服务人员必须依据每一位不同的游客不同的需求量为其制订不同的旅游产品。在我国寒暑假时期，可以针对学生这个群体制订出一系列的旅游计划，来满足这一时期的消费群体。旅游这一休闲活动涉及范围比较广，因此可以在大数据时代运用科学技术有针对性地对旅游行业实施分析与监控以便对其实施相应的管理措施，推动我国旅游行业向数字化、信息化发展的进程。

现如今，我国大数据在旅游产业中的运用才刚刚开始，还只是处在利用相关的网络平台为需要旅游服务的游客提供相应的服务内容，主要核心服务内容为游客在旅游期间的吃与住以及玩等相关服务。近些年，我国随着国民经济的不断攀升促使旅游行业前行的脚步不断加快，因此我国相关部门已经开始将旅游业与现代化科技挂钩，在大数据时代中，我国旅游产业已经开始迈向智慧化。

第四章 智慧旅游大数据创新研究

第一节 大数智慧旅游云服务平台设计

随着全民旅游时代的到来和"自游行""自驾游"实现了常态化，传统的"门票经济"已经不再适合现代旅游业发展的新需要，智慧旅游在发达国家已经初步建成，并已经证明智慧旅游是旅游业发展的新趋势。智慧旅游逐渐受到我国政府部门的高度重视。因此笔者结合自身实践，重点就大数据背景下智慧旅游应用平台构建展开相关分析。

旅游业是综合性和高信息资源依赖性的信息密集型产业。改革开放以来，中国旅游业经历了起步发展、加速发展和综合发展三个阶段，中国实现了从旅游紧缺型国家到旅游大国的历史性跨越，但也面临着旅游业规模化产业化层次较低、旅游市场秩序混乱、政府政策规划不到位，建设旅游基础设施时缺乏科学论证，尚未建立完善的监管机制问题。在互联网+和大数据技术日益普及的大环境下，应该充分利用先进的科学、生产技术提高旅游信息利用率来改变传统的旅游生产、分配和消费模式，并构建一个新型的旅游公共服务平台。旅游业与信息产业的融合实现了旅游信息化，随着"智慧地球"概念的提出，智慧化成为各个行业追求的发展目标，智慧旅游就是旅游业现阶段最高的发展目标。

一、智慧旅游应用平台的构建目标

智慧旅游的本质是利用大数据、人工智能、物联网等新一代的信息技术，构建满足游客个性化服务需求的高满意度、高质量、高品质的旅游信息服务平台，实现旅游资源的集成与共享，使其能为各类旅游产业提供信息服务支撑。全域智慧旅游的构建目标既要建立在智慧旅游信息智能服务的基础上，又要体现全域旅游的本土特色。

（一）资源共享、互联互通

通过搭建旅游资源共享平台，将相关的旅游资讯、旅游产品、景区景点和旅游服务信息内容整合到平台中，搭建一个旅游的"智慧大脑"，将旅游系统中的各个构成元素作为"智慧大脑"的神经元，而旅游信息数据作为各个"神经元"互联互通的信息载体，以将原本独立的、各自为政的子系统集成起来，通过业务数据的感知，实现旅游行业管理系统与旅游景区、酒店、旅行社、旅游车船以及餐饮、商场、娱乐场所经营系统各种资讯和商务数据的共享与智能交互。

（二）全方位感知

通过设置遍布风景区各处的视频监控终端、传感前端和智能移动终端等设备，实现对景区内各个场景的实时智能感知和管理，掌握景区内的各种状况，如客流量、安全隐患、客户需求、游客特征和结构、旅游消费项目等数据的实时状况。同时，既可以通过分析对景区各类型流量进行控制，实施精准营销策略，又可以通过监控数据保障景区内人、财、物的安全，还可以为旅游资源的深度开发和决策提供依据和支持。

（三）分析预测

官方的旅游咨询网站以及各类相关公众号、程序，一方面可以为游客提供咨询和互动服务，另一方面也积累了一定数量级历史数据信息。这一类的旅游服务子系统，既能实现对收集到的数据，进行各类定制化的智能分析，还可以对相关数据进行各类定向预测和感知，如：客流预测、车流预测及各类阈值信息报警等。

（四）精准服务

通过智慧景区建设，实现数据的差异化处理，将处理后的定制化信息通过智能平台主动推送给游客或管理部门。为游客推送个人信息匹配度高的旅游产品，为管理部门获得如人车流量自动提示等主动信息，从而实现精准化服务。

（五）打造"智慧旅游+"的全域旅游新格局

平台通过全面整合资源，实现数据驱动下的"引客—迎客—留客"新模式，为游客提供满足其真正需求的旅游全套服务。包括环境旅游资源、生活旅游资源和产业旅游资源等，打造涵盖观光、商务、城市、乡村、文化、休闲和度假等各种符合其需求的旅游方式，把本地百姓、投资商和游客三维度数据利用景区内各类资源整合成一个共同体。

二、基于大数据的全域智慧旅游精准云服务平台设计

大数据具有 Volume（大量）、Velocity（高速）、Variety（多样）和 Value（价值）的特征，通过大数据技术可以处理 TB 及 PB 级别的数据量，充分挖掘利用数据价值，而云计算技术则可以将海量的多源的数据在云端服务器中集成，为大数据的挖掘分析提供支持，两者密不可分。将大数据技术应用到全域智慧旅游精准服务平台的搭建中，可以实现将游客的个性化精准服务建立在有效科学的数据分析挖掘之上，使得服务更加精准而有效。因此，本节构建了一种由大数据驱动的全域智慧旅游精准云服务平台。平台的云服务中心由线上与线下两部分构成，线上功能模块的运行由云服务中心集成和管理的旅游大数据驱动。线上平台主要实现全域旅游中的关键业务模块，包括旅游资源营销业务系统、智能推荐系统、集成的智能功能服务系统、旅游第三方业务认证监管平台、旅游大数据应用分析平台，同时，线上服务平台还提供了可扩展的功能接口，以便于当有新的功能模块需要集成到系统

中时，提供方便的接口。通过线上的全域旅游业务功能的集中配置、集中监管，可以实现用户、应用授权以及接口的集中管控。全域旅游云服务中心的线下平台主要通过业务整合、系统集成，实现线下各种智能的业务应用系统，包括监控系统、指挥调度系统、信息服务系统、线下数据共享系统和游客服务系统等。

（一）景区业态全融合

（1）云数据中心。利用云计算、互联网、物联网、大数据等技术，融合景区内有关吃、住、行、娱、购、游的各方数据，建立一套适合本景区发展的大数据平台。

（2）大数据平台技术。云数据中心包含一个或多个数据中心，加上统一数据管理平台的完整数据平台，平台内包含关系型数据库、NoSQL 数据库等多种 Schema 的数据库，包含大数据分析、机器学习、租户（数据）管理等多种云计算常用的技术功能。

（3）物联网平台。规模化、可视化管理成千上万的物联网设备，智慧化、规则化处理海量瞬时传感数据，并依赖丰富的物联网数据模型快速处理复杂的计算。

（4）大数据集成平台。旅游大数据集成平台，是通过互联网、物联网、云计算，汇聚景区内各个业态运行及消费数据一个中心。

①游客端：是以微信、网站、在线支付等技术为载体，为游客服务的统一标准平台；

②管理端：通过在线的网站、可视化数据、地理信息 GIS 等技术实现一个综合管控服务平台。

（三）智能服务功能

通过平台的搭建，可以实现以下智能服务功能。

（1）实时客流监控。通过各个智能终端对景区的客流量进行实时监控，对当前某个景区或者该景点整体的客流量进行评测，如果达到临界值则应该及时实施引导分流策略，从而保障景区的正常运营，提升客户游览质量。

（2）客流量趋势预测。通过对历年该时段的游客数据量进行分析，预测可能出现的客流高峰，提前做好应对措施。该功能主要建立在旅游的数据分析之上，需要利用云服务平台的大数据处理和智能分析技术。

（3）经济效益趋势预测。通过对历年该时段的景区收益状况进行分析，获取游客的喜好，改进景区不完善的内容和服务，挖掘潜在商机，获取更好地经济效益。

（4）游客属性分析。挖掘系统采集到的有关游客的各种数据信息，对游客的多种属性进行分析，获取其个性化需求，从而为其提供更加有针对性的服务。游客画像是根据游客的自然特征、社会属性、生活习惯、行为偏好和消费特征等信息而抽象出的一个标签化的用户模型。构建游客画像的核心工作即是给游客贴"标签"，而标签是通过对游客信息分析而来的高度精练的特征标识。游客数据画像包括性别、年龄、职业、居住地、车产、育儿情况、消费能力、预订渠道、旅游路线、出行方式（自由行 or 组团）、餐饮偏好、住宿偏好、景区类型偏好、饮茶偏好、饮酒偏好、土特产偏好、逗留时长、筹备时间等。基于游客大数据洞察，帮助景区、涉旅企业补充、完善游客画像，更精准地了解游客消费偏好、潜在需求，通过全域旅游服务平台、分销平台等完成对不同客群的分析，并对转化效果进行追踪与评估。

（5）智能线路优化推荐。通过对游客的个体特征数据进行分析，获取游客的个性化需求，为游客推荐最佳的游览线路和游览方式，并借助景区交通引导和智能视频监控子系统，向自助游游客提供旅游线路信息和附近的人车流量信息，向自驾游游客提供目的地附近停车场位置和空闲车位信息，并进行路线导引。例如找民宿：罗列整个景区内的特色民宿，为客户查询、定位、了解民俗。找服务：景区内寻找各类服务，紧急救助、问题咨询等各类客户需要的服务。找景点：景区内寻找各个兴趣点观音柳、木栈道等，让客户快速定位兴趣点位置，并可实时地找到目的地。找卫生间：为需要的客户提供鉴别位置的服务，并可一键导航直达目的地。找美食：为客户提供景区内所有美食的展示、地点的导航以及各类特色介绍等。找车辆：通过停车的时候进行打点定位操作，为游客进行寻车服务以及摆渡车的状态查询等。

（6）智能旅游产品推荐。游客可在景区旅游公共服务门户上，分类搜索查询各种多媒体旅游资讯，根据公开数据的趋势分析进行风景区的旅游产品选择，预定或订购旅游产品、门票、客房、餐饮和旅游商品等。同时，云服务端的智能分析系统会对游客浏览行为进行分析，获取游客的个性化需求，推荐符合其需求的旅游产品，从而更好地发挥其推荐作用。

（7）游客安全预警。通过在景区多个场景内设置监控装置和感知装置，一方面对游客的状况进行监控；另一方面对较为危险的地段加入自我报警装置，通过后台的预警系统提供紧急预案，做好更加完善的防患措施，保障游客的安全。

此外，平台中的大数据应用分析平台采用 Hadoop 技术进行构建，目的是通过将结构化的旅游资源数据进行分类、清洗和标准的格式化转换，实现对各类异构的旅游资源数据的集成，由中心统一管理，并将分析结果推送到旅游大数据可视化展示系统中，从而达到对各个旅游业务功能环节整合的目的，避免在旅游应用系统的业务流程闭环中脱离数据的驱动造成各自为政的信息孤岛问题。

综上所述，通过全方位的旅游资源集成，智能功能的开发和应用，能促进全域智慧旅游的发展和不断完善，实现对旅游信息数据资源的合理、科学和有效整合、管理和分配，为政府或旅游主管部门提供决策依据，满足游客智慧出行，把本地百姓、投资商和游客三维度数据利用景区内各类资源整合成一个共同体，推动企业快速成长，提升整个城市的旅游信息化水平。

第二节 大数据时代的厦门市智慧旅游发展

物联网、云计算、通信技术的快速发展，让人类置身于大数据时代，为智慧旅游的发展提供坚实的后盾。通过阐述大数据和智慧旅游的关系，分析厦门市智慧旅游发展的当前状况，为厦门市智慧旅游持续健康发展提供参考思路，进而发挥其智慧旅游建设的先行示范作用。

随着社会经济不断发展，智能手机高速普及，移动互联网技术飞速发展，游客通过手机 APP 可以快捷地完成一系列全程自主性出游的各项安排。根据艾瑞咨询的数据显示，2016 年第三季度中国移动互联网市场规模为 2 038.1 亿元，同比增长 78.1%，环比增长 12.4%，整体上中国移动互联网市场规模同比保持 78.1% 的高速增长。在高端智能手机用户快速增长的大背景下，各类旅游 APP 快速多样化发展，而且随着"智慧旅游年"的到来，移动互联网领域的竞争将进一步回归游客层次，因此，需要智慧旅游等先进技术来提升游客服务质量。

一、大数据与智慧旅游

随着非结构化数据的增长，大数据的概念相伴而生。2011 年，麦肯锡全球研究所将大数据定义为：大小超出传统数据库软件工具的抓取、存储、管理和分析能力的数据。大数据的作用得到了各行各业的认可，尤其是在体验经济时代和旅游业发展中，大数据起到了极大的推动作用。而智慧旅游作为近几年旅游行业最为熟悉的词汇之一，一般而言，智慧旅游是指利用云计算、物联网等新技术，通过互联网 / 移动互联网，借助便携的终端上网设备，主动感知旅游资源、旅游经济、旅游活动、旅游者等方面的信息，及时发布，让人们及时了解这些信息，及时安排和调整工作与旅游计划，从而达到对各类旅游信息的智能感知、方便利用的效果。就大数据和智慧旅游二者的关系而言，主流观点一致认为：智慧旅游的发展离不开大数据的支持，而且智慧旅游的健康发展更离不开大数据的有力促进。具体表现在以下四个方面。

（一）大数据让智慧旅游体验智能化

大数据的到来，让传统的获取旅游信息的途径变得更加便利和自由。在信息闭塞的时代，旅游者获取出游信息无外乎来自于亲朋好友的口口相传或者咨询旅游管理部门和旅游企业。而随着大数据的出现，游客出游变得更为自在便捷。从旅游出发前的准备工作到旅游结束愉悦顺利的返回，无论是旅游行程安排，旅游安全保障，还是旅游体验感知，只要一个智能终端，游客就可以轻松省时地合理安排自己的行程，解决种种顾虑，从而真正保证指尖上的旅行高质量的实现。

（二）大数据让智慧旅游企业营销精准化

首先，大数据为旅游企业的市场定位提供了更具针对性的指导。通过大数据挖掘和信息采集技术，不仅可以提供类型丰富的数据样本，而且还可以对搜集到的各类基于旅游者、旅游资源、旅游管理和旅游市场的海量数据加以汇总和分析，进而有利于旅游企业做好未来市场预测工作，找准市场发展方向，开发设计更加符合游客体验感知度的创新产品。其次，大数据可以保证智慧旅游企业之间的资源信息共享，为旅游企业节省相应的运营成本。最后，大数据有力地保证了智慧旅游企业及时改善服务质量。通过相应保障机制的快速反馈和及时应对，避免旅游企业负面效应进一步扩散，最大限度地降低负面影响。

（三）大数据让智慧旅游便民化

旅游的持续发展离不开当地居民的参与和支持，尤其是文化类旅游，当地居民是其富有活力和吸引力的根本所在。智慧旅游在发展的同时需要依赖所在地一系列基础设施功能的不断完善，如周边道路状况、移动网络铺设、休闲娱乐设施设备的使用、天气等，大数据的出现对此提供了一定程度的保证。在发展智慧旅游的同时，也为居民生活带来了很大的便利。

（四）大数据让智慧旅游管理科学化

地方旅游管理部门可以为智慧旅游市场的健康有序发展提供科学指导和有力监管。大数据不仅可以提供类型丰富的非结构化数据，如文本数据、图片数据、GPS 数据、音视频数据等，为旅游监管奠定数据基础，而且还可以弥补过去基于调查问卷方法取得的数据会受到调查者、调查问卷设计、被调查者多方面影响的缺陷。移动大数据分析方法能在不断揭示旅游深层次规律的同时，丰富旅游研究方法，进而方便旅游管理部门更加科学地加强旅游监管，并及时做好市场预测和制订旅游发展规划。

二、厦门市智慧旅游发展现状

厦门市地处福建省东南端，有"东方夏威夷"的美称，同时又是现代化国际性港口风景旅游城市。随着智慧旅游的提出，2012 年 5 月，厦门市被国家旅游局确定为国家首批 18 个智慧旅游试点城市之一，并在智慧旅游方面取得了一定的进展。2014 年，涵盖数据采集、游客采样分析、智慧景区建设、免费无线上网等内容的"厦门智慧旅游城市建设十大工程"拉开帷幕。2015 年，以"科技让旅行更美好"为主题的厦门智慧旅游高峰论坛顺利举行，此次论坛聚焦"互联网＋旅游"升级，共商厦门市智慧旅游发展大计。2016年 8 月，中国电信与厦门市政府签订《共同推动"十三五"智慧城市建设战略合作框架协议》，助力厦门市智慧旅游快速发展。然而，在大力推进厦门市智慧旅游发展的过程中，存在"信息孤岛""生搬硬套""无序建设"等现象，不仅造成了一定的资源浪费，而且对当地政府和智慧旅游供给侧也产生了负面影响，具体表现在以下六个方面。

（一）体制机制问题

多年来，与交通、土地、商业等多方面有着密切关联的厦门市旅游产业规划始终没能纳入城市总体规划，导致旅游规划只是纸上谈兵，难以实际施行。旅游主管部门缺乏专门的智慧旅游机构和专职人员，事权不统一，统筹协调体系不够完善，导致无序建设、功能单一。

（二）基础设施问题

道路交通建设不充分和信息基础设施建设不足。根据厦门交警部门的数据显示，五年来，厦门汽车保有量年增长率达到20.00%以上，而道路里程年增长率仅有3.11%。在供需失衡状态下，城区主干道交通流量基本上处于饱和状态。在注重旅游体验的新时代，随着节假日的来临，大量自驾游车辆的涌入势必会加剧道路交通拥堵，最终给游客的行程感知带来不良影响。此外，厦门市还没有设施完善的大型旅游集散中心，旅游交通仍存在许多难题，如岛外新兴景区方特梦幻王国等地点不仅分布过于分散而且交通不便。在信息基础设施层面，虽然岛内主干道及三线四片重点区域4G覆盖率达到99%，但是，从目前智慧化发展水平来看，仍然有很大的提升空间。

（三）智慧旅游发展速度问题

智慧旅游发展不平衡，全市智慧旅游景区和旅游企业的发展差距大。在国家、福建省和厦门市相关的智慧旅游发展规则引领下，鼓浪屿、胡里山炮台等示范景区建设初具雏形，但市内大部分景区的智慧旅游建设落后，景区系统之间存在信息孤岛。此外，市内各旅游企业之间发展不平衡，只有个别企业积极参与智慧旅游发展，无论是网站建设还是产品更新都比较符合市场需求，而有的企业只是出于形式上的应付。

（四）智慧旅游发展特征问题

厦门市智慧旅游个性化服务不明显。在体验经济时代，尤其是旅游行业，随着散客自助、自驾游比重加大，游客对于旅游过程中涉及的食、宿、行、游、购、娱尤其注重个性化服务的信息推送和一站式提供，而目前厦门市在智慧旅游建设过程中还没有推出相关的个性化服务项目。

（五）数据资源价值层面

数据资源价值还未得到充分挖掘。数据作为重要的战略资源，对于智慧旅游的发展至关重要。目前，厦门市旅游产业资源的基础数据库还没有充分建设和完善，数据的共享程度和开放程度也还不够，基础数据没有实现共享开发，无法保证旅游产业资源的整合和协同，大数据资源优势没有得到充分挖掘。

（六）智力支持方面

厦门市智慧旅游发展缺乏专业技术人才。随着当前社会发展主要矛盾的变化，厦门市智慧旅游发展缺乏既懂现代信息技术又精通旅游业务的复合型人才以及从事日常管理和具体维护工作的各级旅游部门员工和旅游企业员工。

三、运用大数据助力厦门市智慧旅游发展的建议

在大数据时代背景下，厦门市智慧旅游发展还有待进一步探索更为切实可行、更加具有安全保障、更能增强游客旅游体验度的发展路径。

（一）加强厦门市智慧旅游发展的宏观指导

智慧旅游顶层设计就是从全局的视角，为了保证智慧旅游科学有序进行，对智慧旅游的各种元素、不同层面以及不同层面之间的具体关联加以统筹规划的指导性文件。目前，福建省政府已经出台了《福建"智慧旅游"建设总体规划》《"智慧旅游"大平台建设方案》《关于数字福建智慧城市建设的指导意见》等文件。虽然厦门市发布了《智慧景区建设指南》，但这份指南仅就全市各景区的智慧建设提出了规范性要求，而对于涉及旅游发展的其他方面仍然缺少必要的宏观指导。可以学习安徽省智慧旅游发展，出台智慧等级评定和旅游双微指数评价体系，努力推动厦门市智慧旅游进入快车道，真正发挥厦门市智慧旅游发展的示范带领作用。

（二）加快智慧旅游人才队伍的建设和培养

据厦门市旅游主管部门发布的数据显示，在当前来厦游客的构成中，背包客和自助游客占比已超过一半，这就意味着游客对于旅游产品的选择更加具有自主性，因此，应在旅游人才培养方面作出变动和创新。要重视专业技术人才、专业管理人员和复合型人才的培养，注重智慧旅游人才队伍组建的有序传递。政府部门可以与旅游企业和当地高校合作，探索智慧旅游人才培养模式，共同培养精通信息技术和旅游业务的专业技术人才、专业管理人才和复合型人才。对于旅游企业，应该加强对高层管理人员的智慧旅游知识与技能的培训。

（三）加快实现旅游企业的智慧发展转型升级

对于厦门市旅游景区智慧发展参差不齐的状况，将智慧旅游发展初具雏形的鼓浪屿和胡里山炮台的智慧旅游发展先进经验和国内其他智慧旅游景区的发展模式向全市其他旅游景区推广，实现智慧旅游经验的有效共享。同时，创新旅游景区的发展路径，及时排除智慧旅游发展过程中的各种疑难困惑。此外，旅游企业要改进商业模式，主要是要建立集旅游物资平台、信息服务、产品分销和线上线下交易于一体的智慧旅游产业联盟，打造更加具有针对性的个性化智慧旅游产品，让越来越多的游客在享受便捷旅游服务的同时，深刻地感悟厦门市旅游产品的文化内涵。

（四）加强智慧旅游建设的监督和考核

智慧旅游作为新生事物，在探索前进的过程中，一系列的运作和管理都需要一套完整且有效地评价监督机制加以监管。为此，厦门市旅游主管部门要根据国家和福建省关于做

好智慧旅游发展的文件精神，结合实际发展需求，拟定适合于自身的考核体系，组建由政府部门、旅游企业、科研机构和第三方评价机构构成的智慧旅游评价考核小组，将智慧旅游考核作为各级旅游管理部门的必要考核项目。

第三节　大数据引领智慧旅游发展研究

中国旅游业正迎来飞速发展的黄金时代，与时共进，智慧旅游已经进入大数据时代。游客更多地通过网络来辅助自己作出更合理的决策，旅游景区应根据游客的需求与偏好来调整和创新自己的经营模式，而旅游目的地的相关管理部门则应通过大数据平台来进行旅游监管和发展决策。

一、智慧旅游在中国的发展

智慧旅游，就是利用移动云计算、互联网等新技术，借助便携的终端上网设备，主动感知旅游相关信息，并及时安排和调整旅游计划。简单地说，就是游客与网络实时互动，让游程安排进入触摸时代。

智慧旅游的"智慧"主要体现在旅游服务、旅游营销和旅游管理三方面。

智慧旅游与"互联网＋旅游"的区别。"互联网＋旅游"是旅游发展的新模式。如互联网＋旅行社、互联网＋导游、互联网＋旅游景区等。其中，互联网＋旅行社，使旅行社可以随时与游客双向沟通，结合文字、声音、影像、图片等，用动态的方式为游客提供旅游信息。同时网络营销还能为旅行社节约费用，降低成本，这样一来给旅游者带来了更多实惠。

在发展智慧旅游的过程中有时容易造成误区，有人简单地认为，"互联网＋旅游"就是智慧旅游，这也是很多旅游目的地纷纷开始搭建网络平台的原因。然而只利用互联网＋，就说是智慧旅游显然低估了智慧旅游的范围。智慧旅游既可以通过"互联网＋"（旅游餐饮、旅游住宿、旅游购物等）方面来实现和具体体现，也可以通过各种终端等信息化、自动化、智能化、数字化技术和设备来体现。比如：智慧旅游卡。游客到江苏凭卡可以游景区、住酒店、吃饭、购物、休闲等，持卡能享受便捷、优惠的服务。智慧交通工具。外地游客到乌镇不需要办卡，只需微信扫描二维码就可以直接借自行车，给游客带来更便捷的旅游交通方式。智慧导游。黄山风景区为游客提供"贴身导游服务"。游客到了黄山以后，通过扫二维码，进入景区。每到一个景点，都可以通过手机自动播放景点介绍，特别适合自助游的游客。

随着旅游在线服务、预订、支付等业务的迅速开展，"互联网＋旅游"已成为我国旅游行业的主要营销渠道。随着游客对旅游产品的高品质需求不断提升，迫切需要市场提供更多个性化、人性化的选择，而"智慧旅游"正是加快旅游行业未来发展的重要方式。

二、智慧旅游与大数据

　　智慧旅游与大数据的融合是旅游消费者、旅游经营者、组织管理者等各方主体，通过互联网，应用大数据、云计算、射频、各种终端和设备，进行旅游信息及时、高效、便捷的传输交流，使旅游消费更便利、游客更舒心、旅游经营更规范、旅游监管更有效。

（一）利用数据库进行中国旅游海外推广

　　2012年国家旅游局正式启动中国旅游海外推广网站建设项目。该项目以地理数据库、产品数据库、市场用户数据库、旅游综合信息数据库、旅游优惠营销信息数据库、中国国家常识数据库等六大数据库为支撑，集旅游资讯发布、旅游产品推介、品牌推广传播、游客搜索互动等四大功能于一身，智能手机、平板电脑等移动用户终端同期上线的中国旅游官方资讯和推广网站。

（二）通过数据统计分析未来旅游的发展方向

　　2016年，通过360行为链大数据，我们发现2015年旅游行业正在悄然发生着变化，游客更加容易受时间、舆论、突发事件等因素的干扰和影响来制订和改变自己的出行计划。利用大数据在旅游领域通过分析旅游出境人次与消费、在线旅游消费、出游关注度、旅游人群等信息，为未来的旅游业发展方向提供参考依据。

　　出境人次与消费。2015年旅游行业快速发展，共有41.2亿人次国内或出境游。中国国内旅游、出境旅游人次和国内旅游消费、境外旅游消费均列世界第一，相较2014年的30311亿提升近万亿。在线旅游消费。我国在线旅游消费从2012年的6.5%提升到2015年的10.8%，预计到2018年，将有22.3%的居民旅游消费来自线上，在线旅游市场未来前景被行业广泛看好。出游关注度。我国三大旅游业务目前均呈现稳中提升的态势，在出境游中，欧洲、日韩和北美旅游线路的关注度提升最大，而最受关注的出境游目的地中，港澳台、日本和美国仍然位居前三。在国内游中，云南、四川、广东关注度均超8%。搜索流量。旅游行业搜索流量代表了网民旅游需求，其稳中有升，受到暑期、气候的影响，每年的第三季度是旅游行业的旺季，搜索流量同比提升了14%左右。以男性上班族人群所占比例最高，而19～24岁的年轻人在线搜索旅游相关内容需求位居首位，其次是25～34岁的用户。

三、大数据引领旅游行业发展

　　我国旅游业通过近40年的发展，正迎来飞速发展的黄金时代，其产业规模不断壮大。2015年中国旅游产业已位居全球第二，现在旅游已经成为老百姓日常生活中的刚性需求。但是，目前我国旅游行业也存在一些问题，如旅行社的"零负团费"等恶性竞争、游客的不文明旅游方式及政府旅游管理部门的监管不到位。虽然我国在 2013 年为了保障旅游者和旅游经营者的合法权益，规范旅游市场秩序，出台了《旅游法》，在一定程度上制约了旅游行业的违规现象，但在实际操作中，还会存在上有政策下有对策的怪现象。所以，旅游产业迫切需要一种脱胎换骨式的方式来改变自身、提升效益，而这种方式就是旅游与大数据的融合，这既是产业所需，又是形势所迫。

（一）大数据平台可以帮助旅游管理部门进行客流监控、游客分析与优化旅游产品布局

客流监控。根据网络提供的实时客户位置信息，实时掌握旅游景区的客流信息和拥挤情况，从而及时疏导客流，让旅游成为一种享受，让游客体验更加舒适。游客构成分析。从境外、国内、省内三个范围，采用动态效果直观地展示游客的来源和目的地，便于从宏观上了解客流变化情况、游客构成等，为旅游市场细分、营销提供佐证。优化旅游产品布局。2009 年我国旅游产品形成了以观光、度假和专项旅游"三足鼎立"的格局，随着我国旅游消费、旅游市场和旅游产业的转型升级，旅游产品也发生了转型，2016 年根据大数据平台的统计分析，可以力证我国旅游产品已经从观光型向度假休闲型转变。

各地旅游管理部门应根据本地旅游资源的特点，树立"旅游+"和"畅旅慢游"的休闲旅游理念。丰富旅游产品类型，优化旅游产品布局，大力推动旅游与一、二产业融合发展，特别是与文化、生态的深度融合。围绕旅游资源的分布和交通条件、结合旅游市场的需求特征，为游客提供"进得快、游得缓、玩得好"的良好环境。

（二）大数据平台可以帮助旅游景区实现数字化运营

大数据使旅游景区从内部信息化走向互联网，从单纯的信息管理走向以服务为本的协同一体化服务，做到全程服务。游客或用户在任何时间、地点通过咨询平台、手机等便可查看信息或咨询，将景区旅游、历史文化教育、学习、工作等融为一体，最终形成以公众服务为核心的一体化景区数字化运营。

旅游景区服务数字化主要通过智能可视化监控系统、车辆自动分析系统、景区免费Wi-Fi、景区容量实时控制系统等来掌握景区的实时情况，确保景区调度能发出及时、准确的指令。实现旅游景区的全程"智能管控"，如某个游客在景区内出现意外事故，监控点下的智能语音系统会立即启动，在监控室的工作人员可以立即开启与现场对接的语音对话，询问游客情况，是否需要帮助。如游客需要或事故严重，工作人员会根据定位向最近的景区管理员发出指令，第一时间赶赴现场处理。此外，有的景区内还配有酒店、餐饮、商铺等，通过大数据综合分析景区的客流量、游客构成、游客购票途径、访问频度、游客身份、年龄等信息，不断优化运营，促进服务水平提升，从而提高游客满意度。

（三）大数据平台可以帮助旅行社根据用户画像和消费行为进行旅游营销设计与优化，提升服务水平

旅游营销设计与优化。对于游客来说，旅游已不仅仅是一种时尚，更是人们生活的一

种方式。通过大数据分析，一方面可以看出游客出行正发生着改变。从"跟团游向自助游、周边游向出境游、为旅游而旅游向为享受而旅游"转变；另一面可以帮助旅行社根据游客的来源、关注度、需求、游客满意度等相关数据来量身设计符合市场需求的旅游产品，如"私人订制"旅游如今已渐渐成为一种风尚，人们只要在手机上下个旅游APP，随时随地就可以利用手机平台进行咨询、订票、支付，从计划出行到出门成行的准备时间越来越短，来一场"说走就走的旅行"已经不是难事。加速推进线上与线下的整合，供应最适合市场需求的旅游产品，真正留住游客，从而使旅行社在激烈的市场竞争中更具竞争力。

提升服务水平。一方面，政府主管部门——国家旅游局 2016 年投入使用的全国导游公共服务监管平台，通过五大功能实现对导游事中、事后监管，通过对导游服务进行评价，使评价成为检验导游服务好坏的"晴雨表"。

另一方面，业务实操单位——旅行社可以利用大数据的收集能力来评价服务产品；通过大数据的分析能力来提升服务水平。随着互联网、手机 APP 的普遍应用，旅行社网上营销基本普及。通过网络平台直销旅游服务，减少中间环节，降低分销成本，真正让利游客。旅行社只需要把旅游行程和发团计划预先录入系统，游客预订后就会接到网站短信通知，接到通知后登录系统确认订单就完成了整个预订流程，比传统的沟通效率高很多。接待咨询从传统接待方式的每天几个游客咨询，到现在每天处理几百个游客预订，不能不说网络、手机 APP 真正走进百姓生活。游客不仅可以在线咨询、预订、付费，同时还能留言、评价，使旅行社的线上服务功能更加完善，使得旅行社在业界拥有更好地口碑和声誉，为旅行社带来更多的经济效益。

（四）大数据平台可帮助游客优化游览路线、提升游览体验，择优选择适合自己的旅游产品

旅游线路推荐。随着人们生活水平的不断提升，旅游已经成为百姓生活中不可不点的"家常菜"。由于受时间、收入、气候条件等的制约，加之对旅游景区的特色不甚了解，有时游客很难正确地选择旅游线路。而大数据平台通过对不同特征人群进行分析、研究，将相关景区、线路推荐给具有相同特征的游客，帮助其选择适合自己的游览路线。

景区热力图。2015 年国家旅游局实施《景区最大承载量核定导则》提出，景区内旅游者数量达到最大承载量的 80% 时，需启动包括交通调控、入口调控等措施来控制旅游者流量；景区内旅游者数量达到最大承载量时，应立即停止售票。

通过大数据分析，现在就可以实时地根据景区接待能力和客流情况生成景区舒适度实时指数、历史变化和趋势预测等，通过网站或手机 APP 提供给游客，方便游客合理规划出行计划和提升游览体验。

2017 年，智慧旅游将借助大数据平台开启新的征程，运用科学专业的大数据洞察数字时代旅游业的发展动向。而大数据时代下的智慧旅游也将变得更全面，管理和服务手段更智能，科技感更强，游客体验更舒适、便捷。未来，智慧旅游将借助于大数据平台在激

烈的国际旅游市场竞争中呈现绚丽多彩的美丽画卷。

第四节 大数据智慧平台对旅游景区财务管理

大数据智慧平台是当前时代基于大数据技术而出现的全新内容，其主要是通过大数据的快速计算来有效地完成相应内容的计算。这种情况下，就让大数据指挥平台可以发挥很大的效果，从而有效地完成数据内容的处理。我国的旅游景区一直以来都面临严重的财务问题，这种情况下，就需要对相关的内容作出彻底地解决，才能确保相应的内容不出现问题。对于旅游景区而言，大数据智慧平台就是一个非常好的选择，主要是这种选择能够进一步地解决财务方面的风险，让景区的投资变得更加理性，更加合乎规范。则本节将从大数据智慧平台旅游景区财务管理和风险防范存在的问题入手，全面展开大数据智慧平台对旅游景区财务管理和风险防范探析。

旅游经济发展是我国当前旅游行业的一个主要趋势，其主要是因为当前人们的生活越来越富裕，很多人都愿意选择进行旅游消费。但是一直以来，我国的旅游景区方面存在的问题都非常多，主要是旅游景区的产业链存在一定的问题，导致旅游景区的财务管理问题极其严重，很多的旅游景区虽然看起来收入颇丰，但是在实际的过程中，往往面临着巨大的财务风险。这种情况下，旅游景区就需要充分地解决这方面的内容，才能确保旅游景区的经济问题不再成为旅游景区发展的阻碍。目前最有效地办法就是大数据智慧平台本身，其具体内容如下。

一、大数据智慧平台旅游景区财务管理和风险防范存在的问题

（一）大数据智慧平台旅游景区财务管理和风险防范存在投资风险难控制的问题

从目前情况来看，我国的旅游景区最大的问题就是难以有效地完成对风险的正确应对，主要是因为对于大数据智慧平台而言，有两类内容难以有效地解决：第一类内容是活性内容。在旅游景区之中，大部分的内容都是活性内容，这主要是取决于每一天的各项数据波动，如游客的数量，出现的物资浪费，出现的物资价格上涨等，这些都是完全不规律的。主要是因为旅游景区的建设地点一般在郊外，所以货品的配送和相应的生产成本等，都是完全不同的，每一天都会出现一定的浮动。而旅游景区的一些修缮工作等，也都是如此，所以大数据智慧平台很难时刻关注各项数据的变动情况。另一个方面就是一些政策因素，每一个旅游景区都受到政策的约束，所以投资方面，出现的波动也难以控制。

（二）大数据智慧平台旅游景区财务管理和风险防范存在筹资风险不重视的问题

在目前我国的旅游景区之中，对于筹资风险的内容非常不重视，这是因为在旅游景区的规划之中，对于资金的使用并没有太多的规划。这也就直接导致我国很多的旅游景区在经营的过程中，一旦出现资金短缺的情况，就会不顾一切地选择各种各样的筹资方式，其中甚至包括一些高利息的贷款项目。这些贷款显然不符合风险预防的标准，即使大数据智慧平台之中显示了相关的风险指数，在必要的情况下，旅游景区的管理人，仍旧愿意选择相应的内容进行筹资，这也是旅游景区没有办法之中的办法。

（三）大数据智慧平台旅游景区财务管理和风险防范存在收入管理漏洞的问题

目前，我国的旅游景区收入方面存在最大的问题就是收入的不稳定，大部分的旅游景区的收入都是呈现出完全的不确定性，没有人能预料到每天的游客有多少，所以旅游景区的收入也就难以预测。而旅游景区对于自身的收入管理方面存在的问题非常多，主要是因为收入拿到手之后，往往就需要快速地应对日常的开销等，这就导致旅游景区很难有结余，而一旦出现了大量的收入，那么又会进行旅游景区的全新建设，长此以往下去，就导致旅游景区没有实际的收入，大部分的金钱，都在旅游景区之中不断地投入，最终导致旅游景区一旦失去热度，就会彻底赔钱，所以，中国的旅游景区需要进行合理的收入规划。

（四）大数据智慧平台旅游景区财务管理和风险防范存在相关人才缺乏的问题

目前，我国的旅游景区财务管理工作，存在问题的根本原因是我国的旅游景区之中，并没有财务管理与风险防范工作的相关人才，主要是传统的财务方面人才，对于大数据智慧平台的相关操作不过关，自身的能力无法有效地融入大数据智慧平台之中，导致大数据智慧平台很难发挥出具体的效果。出现这种情况的主要原因之一就是因为旅游景区给出的待遇不足以满足人才的需求，甚至部分的旅游景区给出的待遇无法达到市场的平均水平，从而引发相应的问题。

二、大数据智慧平台旅游景区加强财务管理和风险防范的对策

（一）大数据智慧平台旅游景区财务管理和风险防范应做到控制投资风险

我国的旅游景区想要更好地发展，则对于财务方面的管理应该进一步的强化，其中主要的部分还是投资方面的风险控制。目前有着大数据智慧平台的融入，则投资的风险控制也相对会变得容易，只需要在大数据智慧平台之中，增加两项内容运算即可：其中第一项内容是进行动态数据分析的融入。旅游景区不同于一般的产业，一般的产业主要的内容是在于日常的盈利，有着自己稳定的客户渠道，而对于旅游景区而言，则无法固定客户的渠

道。虽然目前我国的旅游景区和我国的绝大部分旅行社形成有效地合作，但是在实际的过程中，各个旅行社也不能保证人员的稳定性，只能是尽可能地帮助旅游景区进行人员的招收。所以，大数据智慧平台需要做好动态数据的分析，实时分析每一天的数据内容，并且将数据内容和整个旅游景区的情况作出有效地对比，从而找到其中的问题所在。这样才能有效地了解到相应的内容。另一个方面则是要进行投资回报率的计算，很多的旅游景区对于投资的概念仅仅是如果没有充分的投资，就无法获得有效地收益。但是却没有计算其中的回报率，导致回报率的问题比较严重，根本无法满足旅游景区的日常运行，这就直接影响到旅游园区的经营和利润。所以在大数据智慧平台之中，需要尽可能地进行回报率的计算，从而按照动态分析来了解如何才能更快地回笼资金，获得收益。

（二）大数据智慧平台旅游景区财务管理和风险防范应做到重视筹资风险

我国的旅游景区普遍存在负债经营的情况，主要是旅游园区之中需要的物资太多，单一的企业注资根本无法满足旅游景区的日常工作需求，这种情况下，最好的办法就是要尽可能地进行筹资，来分摊旅游景区的风险。但是，目前我国的旅游景区在筹资方面做得并不好，主要是筹资代价太大，导致旅游景区陷入严重的财政危机。这种情况下，则可以充分地使用大数据智慧平台来弥补存在的问题，其主要的做法有两个方面：第一个方面就是利用大数据智慧平台来进行筹资代价的分析。在传统的旅游景区筹资过程中，其领导者普遍不关注筹资代价的情况，主要是考虑筹资的金额能否满足旅游景区的需求，主要是因为旅游景区的不稳定性太大，想要完成筹资存在一定的难度，所以选择太少，也就不愿意考虑这些内容。而在目前，则可以通过大数据智慧平台来进行代价的计算，从而选择更加合适的筹资方式；另一个方面就是利用大数据智慧平台来进行风险评估，不同的筹资方式具有不同的风险，这些风险会在很大的程度上造成旅游景区经济的问题出现，所以，通过大数据智慧平台的计算，能够准确地了解这些筹资方式可能引发的经济风险及问题，甚至通过详细的计算还能计算出这些风险的情况以及风险出现的概率，这样详细的内容，能够给旅游景区领导者非常好的参考。

（三）大数据智慧平台旅游景区财务管理和风险防范应做到强化收入管理

我国的旅游景区由于收入上的不稳定，所以需要强化对于景区收入的管理，其中核心的内容包含收入和支出两个部分：目前我国的旅游景区，对于收入部分的管理相对完整，主要是能够在日常的工作之中，找到相应的收入内容。通过大数据智慧平台，游客现场直接扫码入园、网购门票直接扫码入园等则方便、快捷，省去了传统排队购票等现象。售票渠道线上线下有效对接融合，分销商（渠道商）、支付方式、票类等，让大数据智慧平台能够对相应的数据内容进行分析，省去了传统人工进行相应统计的情况。通过大数据智慧平台方便、快捷、高效、清晰的反映日常的数据，分析总结顾客群、营业收入等相应数据以及一系列月报、季报、年报等的数据直观地反映收入和各项数据，甚至在大数据智慧平台之中，通过对某项内容的测算，还可能发现其中的问题所在以及当前旅游季节淡旺季明显，分析潜在因素，从而满足游客的日常需求。而在支出方面，我国的旅游景区普遍存在的问题比较严重，主要是我国的旅游景区对于日常的支出并没有合理的规划，导致旅游景区的支出安排根本没有规律，大部分的支出都是比较随意的，往往没有充分地考虑到旅游景区的实际情况，导致资金的利用率过低，根本无法满足日常的需求。例如宣传营销费用高，投入成本大，这是非常核心的问题。应该充分考虑使用大数据来进行相关分析，合理使用和安排资金，使资金使用率更好，才是当前最需要的，如果利用率不够，则应该思考需要暂时延缓这部分支出。

（四）大数据智慧平台旅游景区财务管理和风险防范应做到吸收相关人才

针对人才不足的问题，目前我国的旅游景区有且只有两个方法：第一个方法就是常规招聘，目前市场上懂得大数据智慧平台相关技术的财务人员较多，主要是当前时代的特性导致财务人才更好地了解大数据智慧平台的内容，而且，其他的企业对于财务人员的要求，也能够尽可能地掌握大数据智慧平台内容，所以，会使用大数据智慧平台的财务人才非常多。唯一需要注意的是，我国的旅游景区自身的不确定性、偏远地区，等等会让财务人员有所顾虑，所以需要旅游景区给出相对更加丰厚的资金待遇，才可能满足人才的需求，真正地帮助旅游景区扩充人才。第二个方法就是猎头招聘，旅游景区目前最重要的任务就是调整自身的财务情况，获得具有较高水平的财务人才，当然旅游景区很多是国有控股，招人还有很多政策限制。所以只能通过常规招聘或其他（猎头招聘）的办法来解决相应的问题，从而有效地缓和旅游景区人才不足的问题。

综上所述，我国的旅游行业发展一直以来存在的问题都非常严重，主要是在旅游行业之中，各个旅游景区因为自身的利润比较高，所以在财务方面的管理上，相对比较放松，大部分的旅游景区也都因此而面临着较大的财务风险。这就需要我国的旅游景区能够对这方面的内容进行一个全面的升级，从而促进旅游行业的快速发展，保证旅游行业的产业升级。其中主要应用的手法就是大数据智慧平台建设，这主要是因为大数据智慧平台本身的计算能力比较强大，旅游景区的各类情况都可以直接体现为相应的数据，进行内容的输入，然后通过大数据智慧平台的计算来得出相应的内容。这种方法相对人为的控制更加具有效果，而且各项内容非常固定，符合客观公正的要求，是每一个旅游景区都非常需要的。

第五节　大数据背景下智慧旅游管理

随着科学技术的进步，互联网技术在各个领域得到广泛应用，促进了大数据时代的发展。在大数据背景下，各个行业为适应时代发展的需求，应紧跟时代发展的步伐转变自身经营理念与模式，合理应用大数据。在当前的大环境下，人们的生活水平得到显著提高，为国内旅游行业的发展带来全新机遇，对社会经济增长提供支持。因此，旅游行业应紧跟自身实际发展形势引进大数据技术，提高旅游信息的筛选效率，为企业的发展提供及时且准确的信息，满足旅游行业稳定发展的需求。

一、大数据时代为旅游产业带来的机遇

（一）推动创新发展

传统千篇一律的旅游产品，难以满足当前民众多元化的需求。为保证旅游行业在激烈的市场竞争中稳定发展，应改变传统理念，对旅游产品进行完善创新，提高旅游产品的新鲜感，增加对民众的吸引力。在创新旅游产品的过程中，还应发挥大数据技术的优势，了解民众的兴趣，为创新旅游产品提供明确方向，充分考虑民众的实际需求，有针对性地创新旅游产品，推动旅游行业的发展。

（二）提高旅游质量

随着民众生活水平的显著提高，出行旅游的热情逐渐提高，为旅游行业的发展提供了全新机遇。受传统旅游行业管理模式的影响，民众习惯性依据旅游企业提供的方案进行选择，难以满足民众的个性化需求。在大数据背景下，可充分利用互联网技术的优势，将众多的旅游信息上传至网络平台，民众借助移动终端，选择适合自己的旅游方案，提高民众的旅游体验，保证旅游行业的服务质量。

（三）提供精确定位

在旅游行业实际的发展历程中，进行精确定位，对于旅游行业今后的持续发展具有重要作用。将大数据技术应用到旅游行业当中，全面分析不同民众群体的消费方式，帮助旅游企业明确自身定位，有针对性地规划未来发展方向，在旅游企业的发展与转型过程中起到辅助作用。另外，在应用大数据的过程中，企业管理人员应保证所采集信息的精确性，假如所采集的信息存在失误，必定会为旅游行业的发展与转型产生负面影响。

二、大数据背景下智慧旅游的现状

（一）尚未挖掘资源价值

纵观当前实际情况，智慧旅游的基础数据库尚未得到完善，难以对数据进行共享与开放，在对海量的信息进行集合时存在不足，无法将大数据的作用与优势充分凸显出来。在大数据背景下，大部分企业已经意识到搜集数据信息的意义，并将其作为今后发展的竞争优势，在搜集、分析、处理各项数据的过程中，会受各种因素的影响，难以满足后期工作的顺利开展。因尚未充分发挥大数据的开发性与共享性，影响企业后期顺利发展的需求。

（二）缺乏基础设施建设

在当前的大环境下，智慧旅游处于起步阶段，在基础的信息建设方面依旧存在不足。

在人们的日常生活当中，无线网络得到广泛应用，对人们的日常生活产生重要影响，在旅游企业与旅游景区当中，逐渐进行无线网覆盖，但依旧无法满足智慧旅游发展的需求，具有较大的发展空间。在智慧旅游的开展过程中，包含许多基础设施建设，因缺乏完善的基础设施，导致相关资源难以得到有效配置，平台监控与智能化程度较低，为后期工作的开展埋下隐患。

三、大数据背景下智慧旅游管理创新策略

（一）加大人才培养力度

在创新旅游管理模式的过程中，为旅游企业的员工提出了更高的要求，旅游企业应定期开展相关培训工作，为企业今后的顺利发展奠定坚实的人力资源基础，将大数据技术的优势充分凸显出来。旅游企业积极引进互联网技术人才，智慧旅游管理模式，要求企业员工具备夯实的专业知识，熟练应用互联网技术，积极引进互联网技术人才，充分利用大数据技术。另外，定期开展培训工作，引进专业人才的本质目的是为旅游企业提供服务，借助定期培训的方式，使互联网技术人才向旅游人才过渡。

（二）采取智慧管理方式

在区域经济发展的历程中，旅游业所作出的贡献，并非旅游行业所产生的经济效益，在旅游业发展的过程中，能够吸引更多外地消费者，为区域内的餐饮业、服务业等发展带来更多消费群体。在智慧旅游管理模式当中，应加强智慧模式建设，满足区域经济全面发展的需求。合理应用大数据技术，分析民众的消费方式，及时调整与完善旅游景点附近的产业机构，为民众提供便捷的消费方式。另外，借助大数据分析民众的消费感受，评估服务质量，提高旅游企业的外在形象。

（三）创建智慧服务模式

在国家服务业当中，智慧旅游业属于重要组成部分，为民众提供高质量的服务是其主要优势。因此，在智慧旅游管理模式当中，为给民众提供更加优质的服务，应加强对智慧旅游服务的建设。第一，旅游企业在官网平台上传旅游信息资源，为民众提供全面的旅游产品信息服务，吸引民众的注意力，拓展旅游行业的消费群体。第二，旅游企业定期对到访客户信息以及官方网站的登录信息进行整合，根据以往的工作经验，有针对性地为客户提供旅游方案服务。

在大数据背景下，为旅游行业的发展带来全新机遇，应紧跟自身实际发展情况，积极应用创新理念与新型技术，加强智慧旅游管理模式的建设。旅游能够缓解人们的压力，在旅游过程中放松身心。在这样的大环境下，旅游行业逐渐向着数据化方向发展，针对当前发展历程中存在的不足提出创新策略，构建完善的旅游管理平台，明确大数据在智慧旅游发展中的意义，满足旅游行业在今后稳定发展的需求。

第五章 智慧旅游挖掘分析

第一节 复杂网络数据挖掘与智慧旅游系统

智慧旅游是当前旅游业的热点，如何构建一个智慧旅游系统是我们的目标。随着大数据时代的到来，以云计算和移动互联为基础的技术平台，对整个旅游系统进行重构。本节主要从复杂网络数据挖掘角度出发，分析了智慧旅游的概念及其技术指标以及复杂网络数据挖掘，并研究了其在智慧旅游系统中的应用。

大数据和云计算的发展，给我们带来了新的体验。通过智能移动设备，我们正在享受智慧旅游带给我们的体验。智慧旅游的重点是对大数据的应用，而大数据的处理和应用离不开云计算和移动智能设备。复杂网络数据挖掘要发现有价值的信息，就必须拓宽数据来源，并将数据源进行关联。但即使用复杂网络数据挖掘来分析旅游数据的价值信息，难度也比其他领域更大，因为旅游数据来源更多，形式更复杂。如果要给旅游者以满意的服务，我们在服务的同时，必须引入动态评价体系，通过完善的评价理论和方法，建设智慧旅游。网络的发展给人们带来了方便，也带来了困扰，特别是海量信息的产生。我们要进行复杂网络数据挖掘，云计算是必不可少的工具，通过物联网采集信息，结合数据挖掘算法，动态地进行数据处理。

一、智慧旅游系统的形成

（一）智慧旅游的提出

2015 年 9 月 20 日，国家旅游局首次在国家层面提出将旅游和互联网两大领域融为一体，这说明构建一个符合现代社会的智慧旅游系统势在必行。早在 2008 年，IBM 提出了智慧地球的概念，并延伸产生了智慧旅游的概念。智慧旅游作为智慧地球和智慧城市的延伸，其理论和实际技术应用已经展开并取得了一些成果。

（二）智慧旅游的概念

智慧旅游是社会发展到一定阶段的产物，它不仅仅是信息处理、数据通信、旅游业态等综合发展的结果，更是一个技术和服务的创新。在具体形式上，主要体现在物联网、计算机、网络通信、云计算、虚拟平台、移动互联等技术和设备的发展和应用上，在旅游者的体会主要是可以轻松、愉快、个性化地享受旅游行程。智慧旅游的智慧体现如下：智慧旅游要达到智慧，就需要通过技术手段，让游客感到愉悦，这是一个心理层面的感受。智慧旅游的前提是旅游信息数字化，将信息化程度具体到信息收集、处理。智慧旅游体现旅游者的主体地位，以人为本，强调人的感受，并引入评价体系，动态更新。传统旅游是以人的流动为基础，是人与景点简单的融合，没有感情的交流。智慧旅游通过旅游信息数字化，让旅游者更好地体会整个旅游活动的过程。智慧旅游的发展，是一个技术和服务理念不断创新的过程。

（三）智慧旅游的相关技术

智慧旅游的整个技术体系主要体现在信息平台的融合。

感知层平台，这是智慧旅游的基础平台。智慧旅游所有的基础信息都是从感知层进行收集和整理，是智慧旅游应用体系的数据支撑。感知层中的物联网平台的构建，本质上是智慧旅游各种资源的收集，从而使智慧旅游成为可能。

网络层平台，这是数据通信的基础。在通信层面，移动互联是智慧旅游的重点，旅游本来就是一个比较复杂的社会网络。智慧旅游要让旅游者有全新的体验，网络传输质量是最关键的，否则智慧旅游将是一个空中楼阁。

信息处理平台，这是智慧旅游的核心。在这个过程中，我们主要用到了大数据和云计算，通过云平台和人工智能，将整个旅游系统中的信息进行分布式并行计算，通过虚拟化、网络存储等技术，让旅游者能够体会到智慧旅游的魅力。

应用层平台，这是我们的落脚点。所有智慧旅游的成果都需要一个出口，应用层就是这个展示平台。应用层平台是落实智慧旅游的平台，智慧旅游是否能够真正得到体现，就看应用层的具体表现。在应用过程中，我们除了有真实场景，还可以通过虚拟现实技术展示一些著名景点，给旅游者一个全新的体验。

（四）智慧旅游发展的技术瓶颈

智慧旅游一路走来，依赖于科技的发展。但是影响智慧旅游的一些关键技术发展有所缓慢，还未进入成熟阶段。主要体现在：云计算技术还有待进一步提高，稳定性和安全性还需进一步加强；网络传输速度的进一步提升，这是智慧旅游发展很重要的一步；大数据挖掘模式的研究，继续研究从大数据中找到旅游者所关心的数据源。

二、复杂网络及其数据挖掘的发展

（一）复杂网络的发展

自然界由很多复杂网络构成，它们通过节点和节点组成网络。例如社会关系网络、Internet、社交网络等，这些网络表面上看没有任何关系且各不相同。但是这些有形或无形的网络具有的特征，如动态平衡、等级结构、相互关联等。经过实践证明，这些网络之间具有很多的相似性。当第三次工业革命诞生之时，网络进入飞速发展的时代，从互联网到物联网，从云计算到大数据等，这些变化将使世界变得更小。对于人类来说，复杂网络是高级别的网络，它具有其他网络所不具备的特性：网络规模庞大，网络节点无限延伸，具有时空演变的特性；节点此消彼长，增加了对网络分析的难度；网络规模庞大，导致结构复杂，网络中的复杂因子不断变化增加了复杂系数；动力传播性不断增加，网络有向性互不相同。

（二）数据挖掘的发展

数据挖掘技术的发展大约从 18 世纪开始，如贝叶斯理论；到了 19 世纪，有了回归分析，这些数据挖掘技术都是手工地从数据中提取模式。随着信息化时代的到来，计算机和网络技术的发展，大量的数据存储在计算机中，这些数据的特点决定了人们很难直接理解，而其中的规律和价值更难以发现。因此，在大数据来临之时，我们通过对复杂网络的数据挖掘来发现其隐藏的数据模式。数据挖掘是数据"模型"的发现过程，是指从数据中提取有用模型的过程。在我们提取的模型中，可以是一个汇总，也可以是一个集合。我们通过建模的计算方法：对数据进行简洁的近似汇总描述，目标是寻找那些共同元素比例较高的集合对。对数据进行特征抽取，从数据中寻找符合特征的个案。复杂网络的快速发展和广泛应用以及相关公司的技术支持，给数据挖掘带来了困扰。为解决复杂网络的数据挖掘问题，将复杂网络中的数据挖掘划分为面向复杂网络的结构挖掘、相似性挖掘、数据流传播过程挖掘等多个类别：数据挖掘前，对数据进行理解及收集、整理、预处理等。数据挖掘中，挖掘模型的建立，包括算法的研究及实施，模型建立后的评估等。数据挖掘后，通过专家库进行动态评价，并以可视化的形式给用户展示，从而检验和评估数据挖掘所产生的结果。

三、复杂网络数据挖掘在智慧旅游系统中的应用

（一）智慧旅游系统中结构和属性信息的数据挖掘

目前随着复杂网络的广泛应用和数据源越来越多，复杂网络的数据量在近年来呈现爆炸式的增长。旅游业和大数据及云计算都是当前的热点，智慧旅游更是我们关注重点。旅游业复杂数据爆炸式的增长加快了旅游大数据的产生，也加速了我们对智慧旅游系统中复杂网络数据挖掘的紧迫感。结合智慧旅游复杂网络模型中的结构信息、属性信息以及信息流是挖掘复杂网络数据的基础和关键。要在高度复杂的、非结构化的复杂网络中准确、高效地构建智慧旅游复杂网络数据挖掘模型，需要尽可能多地获取和收集一些相对全面的复杂网络中的数据。通过对复杂网络关键信息的提取，抽象出相应的节点、边以及它们的属性特征。通过复杂网络数据预处理过程，从而得到可以用来进行数据挖掘的基本数据类型，包括复杂网络的静态数据以及动态的信息流数据。智慧旅游这样的复杂网络数据源主要来源于现实世界中待挖掘的真实网络，包括社会化网络中的主体——人，交通网络中的——

车，景点网络中的——景点，旅行社网络中的——旅行社等，通过收集并集成这部分来自复杂网络数据源中的信息。复杂网络数据挖掘在智慧旅游中的结构和属性分析主要体现在以下几个方面：

智慧旅游的属性值在云服务流程过程中，主要是服务价值导向的融合和创新，这一阶段的数据挖掘主要是通过物联网、云计算、大数据和移动互联等新兴信息技术来实现数据管理、资源共享、系统完善。通过对智慧旅游系统服务准备阶段、服务进行阶段、服务结束阶段三个属性进行分析，从而提升智慧旅游系统的人性化。

智慧旅游系统的结构挖掘，主要是对传统旅游模式的重构。强化创新，以云计算为技术手段，提升服务理念。这一过程主要是对旅游模式的分解，将每一个旅游节点放到复杂网络的大环境中进行分析，从根本上解决每一个节点在时空演变的过程中，能有效改善旅游者的旅游体验。

智慧旅游系统中商业模式属性，从传统的景点购买向电子商务过渡，改变旅游行程中的购物模式，这种模式的关键是对海量信息的精确处理，这是复杂网络数据挖掘的重点。

智慧旅游系统中旅游者属性的数据挖掘，以旅游者为中心。通过网络中心，开展复杂网络的节点分析，从而得出旅游者个体在复杂网络各个节点所处的位置和所需要的网络资源。通过链接预测，将用户在网络中的行为进行记录，以改善用户访问体验。

（二）智慧旅游系统中的协同过滤——推荐相似项

在大数据时代，我们游客复杂的个性化需求和大数据的处理，引领我们的旅游进入智慧旅游时代。智慧旅游正是通过改善和提高整个旅游体系，从而达到满足游客从简单的旅游体验到以各种需求为中心。在推荐相似项问题上，我们主要从寻找具有相对较大交集的集合问题开始，在寻找过程中，我们主要通过最小哈希的技术。智慧旅游的发展是一个创新，我们在云计算环境下，根据游客的个性指标来进行有效推荐，这是复杂网络数据挖掘的一个有效算法。针对该问题，产生了局部敏感哈希的技术，该技术能够把搜索范围集中在那些可能相似的项对上面。在协同过滤中，系统会向用户推荐相似兴趣用户所喜欢的那些项。首先找出可能的候选对相似文档集合，然后基于该集合发现真正的相似文档。在智慧旅游系统中，我们对个性化旅游云服务选择进行了协同过滤，通过技术手段，对这些信息数据资源构建基于云平台中枢来进行信息配置和数据计算。在智慧旅游控制中心，我们通过提取复杂网络动态增长的信息进行大数据分析，并通过移动互联将分析结果进行可视化，为游客提供一个精确的旅游信息。在协同过滤—推荐相似项过程中，通过选择最小哈希签名的长度、检查每个候选对的签名，确定它们一致性的比例是否大于某个特定值。我们在智慧旅游系统中，通过采用组合算法，来实现个性化推荐。

（三）智慧旅游系统中网络数据流挖掘

智慧旅游系统中数据是流动的，这是旅游的特性所决定的。我们如何预测复杂网络的信息传播过程，主要结合信息流信息进行挖掘。由于复杂网络的特点，我们在数据挖掘过程中，更多的是考虑数据的动态属性，即信息流的属性。数据流挖掘表示如果真需要数据，所有数据都可以用。当我们发现数据流来临时，就需要及时对数据进行处理，否则，数据就流失了。智慧旅游系统通过云计算和物联网等技术手段，及时抓住每一个信息流，并作出精确的数据分析，抽取有用样本，为智慧旅游系统控制中心提供指挥信息。通常情况下，流处理常见方式是选择或称为过滤。即我们只想接受流当中满足某个准则的元组集合。被接受的元组会以流的方式传递给另一个过程，而其他元组被忽略。在复杂网络中，智慧旅游所处理的信息，由于不仅具有结构信息，还具有属性信息以及信息流，我们不仅要研究其静态属性，还要研究其动态属性。传统的网络挖掘方法无法刻画乃至预测复杂网络中信息传播的动力学过程。在构建智慧旅游系统中，我们将复杂网络的数据挖掘体系应用到数据处理中。通过构建一个可靠、稳定、高效的数据挖掘机制，在数据流的处理中，预测信息传播过程中出现的问题。而整个智慧旅游就是以旅游者为中心的人员流动体系。

本节主要研究了复杂网络数据挖掘在智慧旅游系统中的应用。智慧旅游作为智慧地球的一部分，还有很大的提升空间。我们借助复杂网络数据挖掘工具，充分发挥云计算的优势，为智慧旅游系统的完善提供支持。未来，我们将从复杂网络的千丝万缕中，找出数据挖掘的科学模式，充分发挥人工智能、云计算的作用，不断改善和提升智慧旅游的层次。

第二节　大数据挖掘与茶文化智慧旅游

实际上，大数据分析不仅是资源技术的实际应用，而且还是优势产业发展规划的基础，甚至是用户关注最大化应用的基础。自然，如果我们要全面关注茶文化智慧旅游活动的运行和发展经营机制，本文打算从当前互联网大数据在茶叶产业发展规划的认知入手，整合茶文化智慧景区的基本建设的各种实际需求的认知，全面研究大数据分析在茶文化智慧旅游活动中的实际应用。

我国作为茶文化的发源地，在历史长河的变迁中逐渐形成以民族化、全球化、社会认知为文化导向的中华传统文化体系。在不同的历史时期，人们不断追求一种完美的文化、风俗及其信仰，这些因素都可以作为一种精神实质来与媒介进行融合从而产生财富价值。从现代社会的角度来看，茶文化作为我国的文化象征，可以在国际市场上推广茶文化，增强民族自尊心自信心，使世界各地人民都能通过茶文化来了解我国传统文化。随着互联网技术的不断发展，可以依据在线平台进行互联网传播，以提高茶文化的传播效率，推进我国传统文化的发扬与壮大。

一、基于大数据的网络传播优势

（一）信息传播多元性

传统数据网络通过云计算技术管理系统的基本构建和应用，可以完成大空间信息传输和存储的任务，从而提高网络中所有信息的传输效率。根据技术特点，以不同的网络形式传输数据和信息可以满足不同用户的阅读需求。根据在线平台完成数据存储，通过计算机和移动通信设备可以实现茶文化信息的定向推广，进一步显示数据本身的多元化发展。此外，在数据信息的传输过程中，必须通过对平台内容的分类来显示自身的价值特征，阅读价值是根据用户的基本信息来实现的。根据大数据平台的移动设备，用户将能够利用零散的时间进行有效阅读，从而最大限度地发挥互联网本身的传播作用。

（二）信息传播实时性

在线平台的本质是通过可传递性和实用性进行构建发展的，依靠资源共享服务平台可以为用户提供他们所需的信息。在信息传输方面依靠互联网来建立经济体系，借助新闻报道的传播，保证所有信息数据在媒体中进行分层，尤其是在某些地区，传统的广播媒体需要经过多道加工程序，才能达到向客户展现客观事实的目的。由于用户信息的不同，当互联网进行数据信息传输时，单个用户将对事务进行多层次的现场采访。

这使得基于人们对信息的理解而建立的数据信息本身显示出使用价值。系统需要完成的工作还不止这些，在当今互联网大数据管理系统的基本结构下，互联网资源可以利用传输收集到的信息，完成文化多样性的有效传输，摆脱传统定义中丰富性的理论限制，并为人们提供数据服务。这是为了传播茶文化。根据互联网大数据和信息技术，可以有效地实现茶文化使用价值的传递。

（三）信息传播互动性

交互性是在线平台应用过程中信息发布过程的重要功能。利用数据信息平台可以向用户提供多元化的评论渠道，确保用户在成为信息接收者的同时还可以成为信息的审阅者与发起者，为实现从点到线、从线到面的数据信息传输方式提供帮助。此外，用户可以通过网络服务平台查询自己所需要的信息，通过模块化检索，保障用户可以在信息服务平台上满足自己的信息需求，这是针对茶文化本身并且通过数据信息来查询的在线平台。系统的智能储存更像是对文化有益的判断传递，它为整体文化价值取向提供了一种高效媒介，实现了茶文化的多样性与互动性传播。

二、茶文化传播内容

（一）物质文化的传播

我国作为茶文化的起源地，在五千年的历史变迁中创造了多种类型的茶文化资源，物质文明作为茶文化传播的主要资源，由于受不同种植环境和自然因素的影响，不同类型的产业链也表现出具有较高差异的共性。例如，绿茶、红茶、白牡丹茶等，每种类型的茶叶均代表不同的意义。从茶叶的角度来看，不同类型茶叶的制备在一定程度上受物理性质与化学性质的影响。

例如，根据茶叶的制备来展示玻璃器具瓷器，通过冲泡茶叶显示茶叶器具的文化导向意义。

（二）传统茶艺文化的传播

产业发展规划中显示的茶文化类型表明，茶叶酿造的文化在我国古代广为流传，具有相对较高的复杂性，整个酿造过程的差异在于肢体与肢体之间的差异。茶文化的相互合作非常有可能产生视觉体验。这种茶文化在我国传统非物质文化遗产中具有重要的使用价值。此外，茶文化本身的概念和使用价值及含义进一步凸显出来，茶叶在酿造的特定过程中为人们传达价值。

（三）哲学文化的传播

引入哲学思想文化，我国古代的茶文化不是单一发展的，它与道教和儒家文化相结合，产生一种情感交流。基于情感交流使人们可以零距离交流和沟通，真正完成价值的交流和交换。在品茶过程中，使用哲学理论作为导体可以进一步加深茶叶本身的内在欣赏。此外，文化载体和物质载体展览将使人们与自然世界的整体本质结合，达到内部净化处理的效果。

三、探究大数据挖掘在整个茶文化智慧旅游活动中的具体应用思路

（一）以网站平台为基础，实现茶文化资源的高效整合

在这个阶段，大数据用户已经取得了很大的成就。从文化的角度来看，在线平台本身的及时性和传递性的特点将对文化引起的信息进行智能化改变，从而完成文化的模块化设计和传递。所以，在线平台可以作为茶文化传播的重要途径。在在线传播平台创建的基础上，整体文化机构都体现出多元化的结构特征。例如，在网站中以基本语言表达的文化媒介网页为基础，在实际文化传播过程中通过用户的帮助，对主题和思想进行不同的设置，必须注意的是内容创作过程中应充分考虑受众的年龄段。

由于茶文化本身特征是要表现出丰富的特征，但从当今年轻人对日常生活的认知水平来看，其所产生的文化传播的实际问题就在于中国传统文化在对外开放宣传规划中的权重较低。因此，对于不同人群设置的内容，有必要对文化导向的准确传递和传输的数据进行确定的设置，根据在线平台完成数据信息的准确推广。可以合理地长期地确保文化学院在传播时，可以适当地在观众中使用相匹配的物质文明、茶文化以及哲学思想。在传统的在线平台资源的结构下，可以根据单位和组织之间的特征定义来解释受众，并且网站自身的

资源可以用于实现文化的双向渗透。

（二）以营销机制为导向，实现茶文化品牌的高效推广

现阶段，随着电子商务服务平台的持续发展，各个行业都呈现出群体在线式的发展模式，这极大地促进了我国经济体制的发展。为了在网络框架中进行有效地茶文化营销与推广，必须将数据信息资源的传播特性与文化本身特征进行有效融合，并且依据基本结构进行有效构建。

在营销方法上，必须产生常态本身。根据目标消费者组的生产能力，确保各种营销方法对受众的精确有效性。例如，根据互联网直播平台，可以在营销推广系统的具体传播中选择茶文化。根据知名品牌的基本建设，确保茶文化传播过程中可以真实有效地反映其所属的物质价值与文化价值。对于受众群体来说，知名茶文化的品牌建设可以为受众制订宏观有效地经济政策。

此外，与茶文化有关的各种公司必须根据其公司在国内市场和国外市场上显示出的使用价值来作出有关决策，创造一种更为通用的营销沟通方法来进行，真正实现品牌方面价值方面的高效率推广。这使得茶文化在当今国外市场的多元化发展中，可以应用大数据平台实现茶文化在用户中的高效传播。所以，茶文化深深植根于物质土壤中。传播系统以数据信息为媒介有效确保顾客在接受某种茶文化信息时保留茶文化传播和建设的针对性，而不是单纯以自己的文化需求来实现精确地联系。

（三）以学科交互为目标，实现茶文化学术的高度契合

由于以往茶文化在传播过程中遭受时空的限制，所以在现场无法真实有效地实现茶文化本身的内部交流。随着互联网时代的蓬勃发展，传播茶文化可以依据网络体系结构构建、开发多元化的信息传递系统，从而提高每个阶段的信息传播效率。所以，在对茶文化的基本建设进行定位时必须将茶文化本身作为学科系统，由精英团队来决定茶文化本身的传播力，进而发挥有效应用。

在在线平台上以 PDF 的形式出现。基于茶文化本身的测试，基于学术研究中的交流，将使茶文化的应用和内涵能够以多种方式进行探索。

另外，不同国家的人们，借助于网络空间中展示的互动交流的特征，可以适当地了解中华民族的文化特征和时代特征，从而进行各种交流。发现茶文化传播过程中的应用价值可以运用云计算技术，确保信息内容满足用户的基本需求，加以学科论述，实现茶文化的应用价值。

实际含义更合理，可以提高顾客群体的认可度，为在相关行业传播茶文化提供基本保证。

现阶段，随着互联网平台与信息技术基础设施的不断完善，社会大众自身参与旅游的体验度也持续升高，在人们关心的核心消费概念和实际消费习惯中，必须包括实际的茶文化内涵，其大数据技术已完全集成到其中。

第三节　基于智慧旅游的三亚旅游业发展

互联网和大数据时代的到来，引领着旅游者的消费方式和消费习惯不断发生转变，倒逼城市适应消费者的需求、行为偏好和习惯来推动旅游业的发展。三亚市拥有得天独厚的旅游资源，但现有智慧旅游建设尚存在开发效能不足、推广力度欠缺、监督监管水平低下、数据采集方式不规范、信息更新不及时等问题，从而导致其准确性和实时性无法辨认等。基于此，本节提出通过政府提供制度保障，坚持"人本"服务理念，挖掘旅游者个性化需求，坚持以市场为导向，引导社会力量参与建设，实现数据信息资源整合、高新技术融合以及现代商业模式创新等途径，进而推动三亚旅游业实现数字化、个性化、智慧化发展。

早在2008年IBM公司首次提出了"智慧地球"的概念，随后全球各个城市掀起"智慧城市"建设的风潮。智慧城市的建设是一个多方位、多元化的系统工程，通过智慧城市的建设不仅能够实现旅游目的地服务质量的优化、景区景点的实时监控、智慧旅游实际应用，还能达到旅游线路的个性规划设计以及客流的预测统计。基于"智慧城市"概念的提出，各个城市和地区在产业架构、人才培养、服务方式以及产品创新等多个领域，通过借助互联网实现城市的智慧管理、人员的智慧流动、市场的智慧经济以及居民智慧生活，来提高城市的综合竞争力和居民的生活水平。

智慧旅游，又称科技旅游、智能旅游，这一理念的提出不仅使"智慧城市"在概念上得以拓展，同时也实现了其在旅游业中的实践和应用。它是指旅游者根据个人需求，利用互联网技术、移动通信技术、云计算等现代科技手段，通过借助智能手机、手提电脑等移动终端上网设备，实现对旅游资源和信息资源的整合和利用。基于OTA平台来分析，城市的智慧旅游服务是通过对用户的属性、行为和调研的数据进行汇总、分析和梳理，以一种标签化的形式对其进行分类，洞察其共性，提高用户转化的同时便捷用户使用流程，进而实现精准营销。

我国智慧旅游建设起步相对较晚，2014年国家旅游局以"美丽中国之旅——2014智慧旅游年"为主题开展旅游相关活动，大大地促进我国智慧旅游的发展。自此国内旅游朝信息化、数字化、智能化发展，逐步实现由传统服务业向现代服务业的转型升级。

一、三亚市发展智慧旅游建设的必要性

三亚市位于海南岛的最南端，拥有得天独厚的自然资源和文化资源，形成了以旅游业为战略性的支柱产业。作为国内外备受关注的旅游目的地，在发展旅游业的过程中应充分发挥自身优势，利用高新技术发展智慧旅游，数字化技术的利用不仅可以提高三亚市政府对其文旅产业的监管能力、促进产业融合，同时还可以提高游客体验感和满意度，进而打

造地区特色文化旅游品牌。

首先，国家政策方针的指引为三亚智慧城市的建设创造了良好的发展环境。2011 年 7 月，时任国家旅游局局长邵琪伟提出"用 10 年时间基本实现智慧旅游"的概念，标志着智慧旅游建设从理念意识阶段步入了实践探索阶段。各大城市及地区竞相打造智慧旅游城市，抢占先机，以期提高城市综合竞争力；其次，顺应消费者消费行为和方式的转变。互联网、物联网的普及致使消费者在信息检索以及消费方式上发生大幅转变。旅游者通过媒体、APP、旅游网站等在线获取最新信息，不受时空限制，大大增加旅游活动的灵活度和随意性；最后，文旅融合概念的提出，进一步推动旅游产业发展。海南省自由贸易港的建设无疑给三亚旅游业发展带来了重大契机，通过抓住利好政策，构建智慧旅游体系，加大国际市场营销，扩大城市知名度和美誉度，同时设计开发适用于入境游客检索习惯的公共服务平台、资讯信息网站以及旅游产品 App，进行精准营销可以有效推动三亚入境旅游业的发展。

二、三亚市智慧旅游应用效果分析

旅游是一种体验，智慧旅游的核心不是技术，而是依托于"人本"思想，对旅游者的需求进行分析和综合评判，实现游客个性化定制、企业精准营销、政府公共管理，在各利益相关者之间实现资源共享、价值共创。旅游者在出游前，通过营销平台查询相关信息，根据个人需求灵活制订个性化游程，选择购买产品；游览过程中，在景区、酒店进行智能身份验证，查询旅游信息，携带电子导览机自助旅游、智能购物等服务，不仅精简操作流程，而且大大节约游览时间；游览后，通过智能终端反馈意见和点评，纠纷投诉能够在线得到及时处理。企业依据服务主导逻辑，在进行精准营销的同时，为旅游者提供智能服务，如旅游线路规划、在线旅游咨询、一站式购票等。政府则起到了宏观协调和智能监控的作用，如安防救援、危险预警、人流监控、交通监控等。

在全域旅游背景下，三亚市智慧旅游的建设不仅可以减少建设和管理成本，提高企业运营效率和服务质量，而且通过增加游客便利、提升旅游者的满意度，进而增加其对旅游目的地的重游意愿。

三、三亚市智慧旅游体系建设现状分析

近年来，我国旅游业不断向产业化发展，旅游者对旅游目的地的信息服务、便捷服务和安全服务的要求不断加强。智慧旅游建设应被看作一个完整的系统，其涉及智慧服务体系、智慧营销体系、智慧管理体系以及智慧政务体系等多个层面，系统以帮助游客解决障碍为目标，通过旅游者主动感知信息为线索，实现资金流、人流、信息流以及服务流的良性生态循环。智慧旅游服务体系建设应最大可能地满足游客需求，在地理位置、服务项目、人员匹配、信息咨询等方面要作出系统而全面的构架。智慧城市的建设促使各大城市不断

完善和提升旅游公共服务体系，以期推动当地旅游业的发展。

（一）智慧服务平台

三亚市智慧旅游建设特色之一是打造三亚市民游客中心，将其作为一个综合性的信息服务平台。三亚市民游客中心成立于 2015 年 9 月 30 日，并于 2018 年 11 月 23 日搬迁至海润珍珠科技工业园。第一，智慧服务体系中心为到访嘉宾和市民游客的提供信息咨询，加快推进旅游数据中心建设，负责全市旅游信息采集、统计、发布及上报，助力全域旅游建设；第二，智慧管理体系，建立三亚市旅游大数据中心和旅游监控应急指挥平台，通过相关数据抓取和分析对景区和交通结点进行全方位监控和安全预警预报，对突发事件作出应急处理；第三，智慧营销体系，通过第三方开发"放心游 App"，结合"旅游＋"的创新理念，整合吃、住、行、游、购、娱等要素资源，将智慧旅游理念应用于智慧城市建设，实现云计算、大数据等现代科学技术在旅游业中的应用，构建互联网营销平台、景区网站建设来实现信息的可视化和多样化，通过设置页面友好、操作简单、系统易用的网络平台来增强旅游者和景区的互动，提高游客使用 App 的感知易用性和有用性，从而提高旅游者使用 App 的意愿；第四，智慧政务体系，吸引专业人才、创新市场投资机制。推进旅游景区 WIFI 全面覆盖，利用"互联网＋"为游客提供便捷的公共服务，实现"走进中心，知晓三亚"。

市民游客中心建立的初衷是更好地为市民游客提供整合吃、住、行、游、购、娱六大旅游要素的全方位信息平台。然而游客中心规划设计不足，缺乏整体性和系统性，基础设施布局不合理，规划不当，造成财力、人力浪费严重且存在重复建设、服务真空等现象。首先，中心现处三亚市天涯区海润路海润珍珠产业园，虽离三亚站不远，但却与市中心呈反方向，车流较少，人流更少，日后随着交通线路的贯通，途经中心的车流也将随之减少，其作为咨询平台的作用随之进一步弱化；其次，三亚市民游客中心是三亚市"124"旅游市场治理体系的中心枢纽，集合 35 个涉旅部门，共同维护三亚旅游市场秩序。然而，各职能部门虽统一办公场所，但各系统间联通性不足，信息沟通断层，数据应用程度低，多次发生信息不对称，错过问题处理的最佳时机，造成小事发酵扩大，网络舆论负面评价直接影响三亚市旅游形象。

（二）智慧交通

智慧交通管理模式是基于"互联网＋"的思维和应用，打造更加便捷的城市交通出行方式。三亚市交通运输局下设三亚市智能公共交通信息中心，该中心在贯彻落实国家和上级部门有关交通智能信息管理政策的同时，开展信息化建设和技术推广、维护和管理交通网站，整合交通信息资源，实时监控水陆交通枢纽等工作，通过交通信息中心的打造，加强与交警的跨部门资源共享，提升协同管理、应急联动能力。

近几年，三亚市在智能交通建设方面不断进行尝试。2014 年，三亚市智能公共交通系统首次投入使用。2016 年，三亚市与百度地图达成战略合作，启用"千里眼"高清监控视频，建设全省首个"智能抓拍远光灯违法系统"，推进三亚交通管理向智能化、科技化迈进。2017年，三亚入选成为"十三五"第一批全面推进公交都市建设的城市之一。同年，三亚交警与高德地图合作，创新"互联网+交通"的工作模式，实时向市民游客发布三亚路况、道路限行、交通管制等信息，通过合理引导市民游客出行，极大程度地减少无效交通流、缓解停车难等问题。2018年，三亚市在主要交通路段安装智能公交电子站牌，除了显示公交车进站时间和线路信息之外，还提供路况天气信息以及政府公告通知为市民游客提供多样化信息服务。智能公交电子站牌是三亚打造"互联网+交通"的缩影之一。2018年12月14日，腾讯公司与三亚天涯行城市通卡科技有限公司达成合作，引入腾讯乘车码小程序。自此三亚市民游客乘坐公交车时，便可享受"先乘车，后付费"的便捷乘车服务。

（三）智慧景区

受后疫情的影响，旅游者的出游习惯和消费方式发生了进一步的变化，传统的观光度假游已经不能满足旅游者的出游需求。他们在出游方式上更加倾向于以家庭和散客为核心的家庭游、自驾游、周边游，通过选择智慧化、个性化、便捷化的设备和设施，来完成网上购票、导游导览等网络服务。据悉，依托5G时代的到来，三亚大力发展"5G智慧游"助推海南旅游产业的发展，加大智慧景区建设，其内容包括景区全方位的WIFI系统、广播系统、门禁票务系统，针对商家和停车场的管理系统以及OTA的电子商务系统等，通过利用最先进的人工智能技术，深入分析和挖掘数据的关键信息，为景区管理人员构建可视化、全息化的应急指挥调度中心，为游客提供全过程、智能化的旅游服务，为旅游企业创建全融合、精准化的营销决策。同时配备景区智能导览系统、VR全息科技体验、高清全息影院等应用，使游客在景区能够享受到更高品质的旅游体验。

四、三亚市智慧旅游建设的发展与对策

三亚市智慧旅游建设，是一个自上而下的系统工程，需要通过政府提供制度保障，坚持"人本"服务理念，以挖掘游客的个性化需求为目标，坚持市场为导向，引导多方社会力量参与城市建设，实现数据信息资源整合、高新技术融合以及现代商业模式创新等途径，推动旅游业数字化、个性化、智慧化发展，实现旅游产业的繁荣。

（一）合理定位，加强人员培训

在全域旅游和自贸区自贸港建设相关政策的推动下，一是要区分信息化建设和智慧旅游建设的概念，合理定位城市发展理念，始终坚持以旅游者为中心的观念，把服务好游客作为基本出发点，推动三亚市旅游业的发展；二是要合理选址并配备简易智能操作平台，地理位置既要方便市民游客寻找又兼具人流量，从游客的切身利益出发，提供更加便捷的咨询服务，解决游客的即时问题；三是激活社会各界民间智慧，不断培养信息技术人才和旅游专业复合型人才。

（二）强化内部建设，规范服务流程

突出以游客为中心的服务导向，坚持内外合力、完善三亚市信息网络机制、配合各部门联勤联动、联合执法、区域协同办公、信息上做到及时有效沟通，进一步加大旅游市场秩序综合监管处理力度，依法从严快速处理突发事件，建立快速反应机制，实现对各区各职能部门的统筹调度和实时调度，加快完善数字化监控系统，第一时间发现城市管理问题，及时解决游客诉求，严厉查处旅游市场乱象，建立综合性服务方式，助力打造全国旅游行业监管的示范城市。

（三）贯彻全域旅游观念，丰富服务内涵

从游客需求出发，合理扩充旅游服务项目。一是运用信息化技术，打通旅游相关环节，实现景区门票、特色产品购买、酒店预订等服务的在线预订；二是将游客中心现场咨询服务与12301旅游服务热线、12345政府服务热线相结合，形成更加完善的旅游咨询服务体系；三是通过构建旅游信息数据库和信息查询平台，确保多方主体能及时准确地获取数据信息，为旅游网站建设和旅游热线提供信息和技术支持。

（四）建立安全保障体系，营造优良的信用环境

大数据、互联网在给人们带来便捷的同时，信息安全已经成为国民普遍关注的问题。通过建立安全保障体系，采用专业的安全信息设备聘用专业人才，运用专业技术，出台相关法律法规与政策来约束和维护智慧平台 APP，严肃打击非法破坏和盗用用户数据。实现平台安全保护、客户信息安全保护以及端口信息安全对接，及时识别和更新用户信息，启用智慧防御病毒系统，插入安全芯片，破解外部插件，进而实现系统安全。同时，在文旅融合的大背景下，智慧城市的建设离不开中华的传统美德，诚信问题仍是社会关注的热点话题之一，将用户的个人征信接入智慧平台 APP。对于用户失信行为，在线予以记录，限制不良记录者出游，可以有效地为旅游目的地营造优良的信用环境。

随着现代旅游业的不断发展，三亚市旅游业应加强智慧旅游建设，通过优化组织结构、更新信息系统、丰富文化内涵、落实人员评估等策略进行发展，才能获得更多的游客满意，推动三亚市旅游长足发展。本节仅限于当前三亚市智慧旅游在创建过程现状和问题的研究，因旅游业跨产业协同度较高，对智慧旅游领域分析尚不完全，未来的研究可从产业耦合视角下对三亚旅游业发展提出建议，实现三亚旅游业的可持续发展。

第四节　智慧旅游背景下旅游电商实践教学

智慧旅游作为新兴业态，将现代网络技术、云计算、智能数据挖掘等信息手段融入旅游产业来推进旅游业变革。旅游电子商务专业实践教学，需要顺应智慧旅游发展趋向，从实践教学目标、内容、任务及过程实施中，把握好实训原则、实训系统设计与实践应用成

效评价。

智慧旅游概念的提出，与国家推进智慧景区、智慧旅游企业建设进程相统一，智慧旅游着力依托现代信息技术来提高旅游产业的智慧管理水平。智慧旅游的建设与发展，对智慧旅游人才需求提出更高要求。高校旅游电商专业实践教学，要全面对接智慧旅游发展目标，高度重视智慧旅游技术在旅游人才培养中的有效应用。事实上，智慧旅游改变了传统旅游企业的经营、管理模式，也对旅游岗位工作内容、流程、方法带来深刻变革。对旅游电商人才而言，不仅要擅长旅游专业技能，还要通晓网络信息技术，能够熟练、灵活地应用智能化数据不断挖掘技术潜能来优化在线旅游管理与营销。

一、智慧旅游对旅游人才培养模式的影响

从 IBM 提出"智慧地球"概念以来，"智慧"理念逐渐渗透到多个行业及领域。智慧旅游的应运而生，与现代物联网、移动互联技术的发展紧密关联，也成为旅游业新兴业态的发展趋势。智慧旅游是建立在信息技术基础上，体现在"随时、随地、随身"与互联网分享、互动等优势，来满足旅游"导航、导游、导览、导购"等需求。智慧旅游为旅游者、旅行社、旅游机构提供了综合性公共信息平台，实现旅游信息、旅游交通、旅游交易、旅游酒店、旅游景区、旅行社等资源的整合与共享。近年来，智慧景区建设数量与规模逐渐增长，由此带来的旅游运营管理与服务更趋智能化、信息化。面对智慧旅游全覆盖进程的加快，对于旅游院校人才培养模式而言，如何深化学科教学改革，积极应对智慧旅游对人才素养新的变化成为未来专业人才培养方向和培养方法的新课题。传统旅游产品的开发，多集中于观光型团队旅游，由此高校在人才培养方向上更体现在导游、计调、景区、旅行社、酒店管理等岗位。新旅游业态的形成，散客化、个性化旅游需求的兴起，诸如在线旅游、房车旅游、自助旅游、游轮游等新型旅游类型的涌现以及与旅游相关联的投资融资、旅游地产等快速发展，更显示出高校旅游人才的培养与需求脱节问题严重。

二、智慧旅游对旅游电商人才的职业要求

在智慧旅游背景下，对旅游电商人才的职业素能提出新的要求，更加强调"跨学科型旅游人才"的培养，与传统重导服技能教学相比，旅游电商岗位能力体现在以下几点：一是旅游在线营销能力。借助于信息网络、智能数据挖掘技术等手段，通过互联网来构建在线式旅游营销平台，需要毕业生既懂旅游，又懂在线营销技能，特别是自媒体营销技能成为旅游电商人才的必备本领。二是智慧旅游平台维护与管理能力。结合智慧旅游平台的不同功能，毕业生应该熟练运用相关软硬件设备，确保安全、稳定运行。三是旅游外语能力。随着国际游市场的不断发展，毕业生还需要加强自身外语知识、口语表达能力的训练，能够更好地接待入境游客、出镜游客。四是具备旅游信息调研与统计能力。在智慧旅游背景下，对于旅游信息资源的挖掘与提炼，需要毕业生能够根据各类旅游信息和数据，运用不

同的统计分析手段来获取精准旅游信息，提升自身的决策判断力。五是具备网络舆情监控与公共关系能力。智慧旅游所带来的旅游电商网络化、公开化，使得旅游舆情监控与危机公关更加重要。毕业生要借助于网站、APP、微信、微博等媒体运营平台，分析旅游舆情，果断处置各类危机事件，做好公关工作。六是具备旅游个性化/定制化服务能力。当前，自由行、半自由行旅游市场潜力巨大，增速迅猛，毕业生要能够围绕不同类型旅游需求，分析和设计独特的行程计划，打造专属个性化的旅游产品。

三、旅游电商实践教学模式的构建

（一）实践模式构建原则

实践教学是旅游电商人才培养模式的重要环节，构建专业化的实践教学体系，让学生能够与行业岗位需求零距离接触。增强和巩固旅游电商课程教学质量，确保每个学生都能够全面了解、深刻感悟旅游电商的整个运行流程和管理模式，提高职业竞争力是专业教学的重要责任。在实践教学中，要坚持三个原则：一是要坚持实用性原则。旅游电商实践教学要关注学生相关职业技能的培养，通过构建真实的电商实战环境，让学生从中学习如何获得客源、如何增长实践经验，如何处理各类疑难问题。二是要坚持适用性原则。旅游电商实践体系的设计，要结合教学目标、课程知识结构，能够综合融入导游、酒店、银行等业务训练，让学生从中掌握旅游电商运作的方法、注意事项，贴近未来行业发展实际，提升专业化水平。三是要坚持易用好学原则。旅游电商实践模式，并非专业化电子商务实训操作，而是要坚持大众化、普遍性特点，将旅游电商知识与实际应用关联起来，确保学生易学好用，掌握更多技能和实战方法。

（二）旅游电商网站规划实践应用

以某旅游电商网站规划为例，就旅游电商实践教学体系的构建流程归纳如下：一是要明确实践目标。围绕旅游电商网站规划实际，实践重点为网站规划、资料搜集与整理。结合学生学情，细化具体实践目标。如在知识技能方面，让学生了解旅游电商网站的规划一般步骤；了解该地有哪些专业旅游网站，并对各网站进行优势劣势分析与评价；了解旅游电商网站设计的一般方法，能够熟练地掌握旅游信息的搜集与归类的方法。在过程与方法上，能够对不同的旅游网站进行全面分析，如网站主题、网站内容、网站结构、网站服务及运营成效等，借此来明确目标网站的风格与特色。在情感、态度、价值观方面，为了突出小组合作与探究，我们组织学生以小组方式展开各种类型的主题讨论，并鼓励学生在实践中展开多向交流，优化和明晰规划目标，让旅游电商网站规划更具可操作性。二是细化实践任务。围绕旅游电商网站规划目标，展开具体实践任务的细分。如引入旅游网站案例分析，对旅游网站的特色模块进行分析讨论。在实践教学重点上，设置旅游电商网站页面设计、旅游信息搜集与归类方法。在具体任务分工上，要求学生通过组建学习小组，开展地域旅游资源的搜集，广泛查阅各类书籍、网络旅游类资料，为网站规划提供周全的信息素材。三是实践教学应用。以小组为单位，学习网站规划主要阶段，归纳旅游电商网站的特点，结合实例就整体设计、网站风格、展示内容、网站色彩体系等进行实践应用。根据分组，由学生自己构建"旅游电商网站"，细化各相关任务，优化页面展示内容，设计网站网页。最后，对各组旅游电商网站规划进行展示、讨论与评价，总结旅游电商网站规划的具体要点和方法。

在智慧旅游背景下，旅游电商实践教学更应该列为专业教学的重点，突出对旅游电商专业技能的综合训练，建立和拓展实训、实践基地，引入配套设备、软件，以便于更好地对接智慧旅游发展实际要求。此外，还应增加旅游电商软件、统计软件等课程的上机操作教学，并进一步加强专业学生的外语口语训练课程，积极开展工学交替旅游电商实训月等常规实践教学活动，通过组织旅游电商产品设计大赛、自媒体旅游营销策划等活动，来不断创新实践教学模式，增强学生智慧旅游综合素养。"纸上得来终觉浅，绝知此事要躬行"，实践是掌握技能的最好方法，也是专业建设的重要内容。

第五节　大数据挖掘与茶文化智慧旅游

实际上，大数据挖掘，不仅仅是一种资源技术的具体应用，其同时还是对产业发展优势，乃至消费者关注度进行最大化应用的关键所在。当然，如果我们想要对茶文化智慧旅游活动的经营发展机制进行全面关注，本节拟从当前大数据在茶叶产业发展中的应用背景认知入手，结合茶文化智慧旅游建设的各项具体诉求认知，全面探究大数据挖掘在整个茶文化智慧旅游活动中的具体应用思路。

结合当前社会大众自身的消费诉求以及整个产业发展的趋势和方向看，与具体的茶文化相关的旅游产业，目前正是整个时代发展的重要方向和重要诉求。因此，如何才能更好地做好茶文化智慧旅游活动，并且充分合理地应用好大数据挖掘，就至关重要。那么，其需要，将不仅仅是资源要素的丰富融入，其实际上也是经营理念的全面创新与完善。

一、当前大数据在茶叶产业发展中的应用背景认知

当然，我们应该清楚，在当前大数据时代背景下，整个茶叶产业也需要在这一背景下，进行具体的产业整合和资源创新，可以说，当前整个经济发展体系需要创新，尤其是在当前时代下，我国正在推进"宽带中国"的网络发展战略，而加大科技投入，增加信息互联、互通，让国人共享互联网带来的发展机遇，实际上已经成为当前时代的全新诉求。尤其是在当前经济发展机制中，发展跨境旅游服务活动，推动贸易经营和投资发展，构建茶文化智慧旅游发展模式，已经成为当前整个互联网时代的重要特征。

在信息产业成熟发展背景下，现代茶文化智慧旅游建设，已经从一种规划从发展成为

一种时代趋势，而在这一过程中，完善的时代元素融入，加上产业体系的优化创新，客观上看，正是当前时代发展背景下的一种创新和完善。结合当前整个时代发展的特点以及具体的时代需要看，转变发展方式，调整经济结构，实际上，是目前任何茶叶产业、任何茶文化智慧旅游活动开发过程中，都必须充分注重探索去解决的重要内容。而经济结构上的优化调整，正是当前传统产业向新兴产业转型发展、优化升级的关键与本质。

当然，其在整体推进过程中，核心在于技术融入，关键在于内涵创新，尤其是通过结合当前世界技术发展应用的基础诉求，通过整体融入各种资源要素，从而实现传统产业向新兴产业发展的有力构建，并且在这一过程中能够通过具体的产业转化，从而打造全新的茶叶产品生产与应用机制。事实上，在目前整个时代发展的大背景下，互联网资源和渠道，对茶叶产业的经营发展实现了全面覆盖，除了资源上的完整优化外，整个产业内各个要素的互相协调，实施上也是当前茶文化智慧旅游活动优化创新的关键。

客观地看，在大数据模式中，其认为信息也是一种具体的资源，正是茶叶企业自身直接面对消费者和市场，而茶叶企业作为产品导向型企业，可以说，其茶叶品质的好坏以及其对市场认知上的影响反馈，实际上就决定了茶叶企业在市场发展过程中的价值，所以，在茶文化智慧旅游模式构建时，要采用数据采集与数据分析的方法，根据消费者自身的基础特点，对消费者的群体类型进行详细筛选，同时也可以根据消费者自身的浏览情况，分析其产品选购意向，通过为其推荐符合其购买趋向的产品，从而实现其市场经营份额的具体提升。事实上，对于茶文化智慧旅游的具体经营来看，完善的经营思维乃至客户营销体系，实际上都是当前大数据模式应用与价值发挥的重要诠释与表达。

二、茶文化智慧旅游建设的各项具体诉求认知

客观地说，构建茶文化智慧旅游建设新模式时，我们必须从整体内涵上突出文化、生态，乃至具体的时代要素。尤其是应该把特定的文化内涵具体融入和应用到相应的智慧旅游建设体系之中，通过具体构建适应茶文化智慧旅游建设发展的全新模式，从而在满足社会大众自身具体消费需要的重要基础上，通过多种元素的综合融入，从而实现整个旅游机制建设的理想效果。

当然，在构建茶文化智慧旅游建设新模式的具体过程中，要突出茶文化体系中所包含的文化元素，尤其是人文价值要素的应用。客观地看，在茶文化智慧旅游建设过程中，其中虽然与智慧旅游建设有着重要关联，但是我们必须看到，其关键则是要突出具体的茶文化内涵，尤其是通过集中展现多种茶文化元素，进而实现整个茶文化智慧旅游建设的最佳效果。当然，在这一过程中，如果我们想要实现最佳的市场认知，那么，我们所实际需要的将不仅仅是资源上的整合，同时也要将社会大众自身的消费习惯和兴趣爱好，乃至具体的消费模式等等融入其中，而这实际上，恰恰就是发挥大数据的技术优势，创新茶文化旅游产业建设的关键与根本。

当然，在茶文化智慧旅游建设体系中，要突出信息技术与文化内涵全面融入的具体优势，尤其是要真正分析茶文化，并将之与茶文化智慧旅游建设的具体模式相结合，以达到最佳应用效果。当然，现阶段，社会大众的消费观念日趋成熟，尤其是人们在特定的生态和绿色内容的追求背景下，这使得我们在进行具体的茶文化智慧旅游建设，充分和必要的生态观念，乃至具体的旅游资源整合，无论是具体内容的选择，还是整体消费机制的构建，将为茶文化智慧旅游建设提供重要的支撑。客观来看，智慧旅游机制在具体建设过程中，其需要利用具体的信息技术资源，从而有效地解决整个茶文化智慧旅游建设的理想效果。

三、探究大数据挖掘在整个茶文化智慧旅游活动中的具体应用思路

实际上，大数据资源挖掘和资源应用已经成为重要的时代特点。而我们要注重认知产业创新的基础是技术上的应用，要围绕新技术和新业态，改造传统茶叶产业，尤其是就当前时代发展的重要背景看，大力发展新型服务行业，发展智能经济、网络经济，通过推动创新发展，从而构建高效、合理的市场空间和经营机制，因此，在当前技术行业创新发展日益成熟的时代背景下，茶文化智慧旅游的发展，已经不再是传统的产业要素融入，其实际上已经发展成为重要的时代诉求。

虽然，在当前时代背景下，产业要素资源的应用优势进一步突出，而其中想要更好地实现自身发展，就需要充分注重发挥消费者群体在整个产业发展中的独有优势。所以，对于茶叶企业自身发展来说，其需要结合市场优势，立足自身资源要素，从而构建完善的茶叶产业机制，并且通过有序投资、循环建设，从而为整个茶叶产业的优化创新提供基础支撑。当然，对借助大数据信息技术的全面应用，进而使得茶叶企业自身在具体发展过程中，其具体存在的风险能够得到有效防范和把控。可以说，分析其整体经营过程中所具有的潜在收益，乃至其具体的市场前景，将是整个茶叶产业发展投资乃至产业优化的核心所在。

当然，在整个大数据模式应用过程中，也需要注重构建高效的信息筛选模式和应用机制。在目前整个茶文化智慧旅游活动的具体开发过程中，如果想要让消费者自身在整个错综复杂的市场中第一时间寻找到的心仪的旅游产品，就必须对结合社会大众的诉求产品体系构建完善的筛选机制。

就大数据模式的特点和内涵看，高效、便捷的数据处理和分析能力才是其重要的特点和应用优势所在。而在这一过程中也要利用信息的多样性和及时性，及时构建合理的应用体系，并且尝试性构建多样化的信息服务体系。总的来说，茶文化智慧旅游的经营发展与全面创新，其最终的目的在于构建高效、快速的发展机制。所以，可以结合茶叶产业的客户群体的多样化，制订精细化的旅游服务体系。当然，这一过程，其实际上也是从消费者自身需要和关注度出发的具体创新过程。

当然，随着当前信息技术建设不断成熟，加上社会大众自身参与旅游体验的要求不断提升，如今人们所关注的消费理念以及具体的消费习惯中，都需要将具体的茶文化内涵以及具体的大数据技术充分融入其中。

第六节　基于乡村旅游的智慧旅游分析

信息化的发展，不仅方便了人们的生活，改变了人们的生活方式，同时也提高了人们对旅游出行的要求。人们生活水平的不断提高，对多元化生活方式要求更高，对服务体验要求更高，旅游业的快速发展恰好印证了这一点。旅游业的进一步发展离不开信息化，不仅可以提高管理效率，还可以提高服务体验，而乡村旅游的短板就是管理效率和更高质量的服务体验。基于此，本节对乡村旅游的智慧旅游展开了研究，旨在为相关研究提供借鉴。

一、研究目的和意义

随着社会经济的发展，人们的生活水平不断提高，在工作之余，选择出去旅游的人数日益增多，旅游业已经成为我国国民经济的主要支柱性产业。作为一种全新的旅游形态，"智慧旅游"是信息时代的产物，合理使用智慧旅游的概念，结合大数据，充分利用广泛的数据源，为景区综合数据测试平台实现智慧旅游、挖掘旅游深层价值的成熟的大数据信息系统已广泛应用于人们的生活中。"智慧旅游"服务作为核心内容，是未来旅游企业向现代服务业转型升级的关键。如何优化和升级在线旅游服务是一个急待解决的问题。

二、研究方法

通过知网检索，在博硕士论文中，检索"乡村旅游""智慧旅游"共找到 5 528 条结果，检索"乡村旅游"共找到 6 515 条结果，检索"智慧旅游"共找到 481 条结果；在期刊中，检索"乡村旅游"共找到 12 492 条结果，检索"智慧旅游"共找到 1 785 条结果。

三、乡村智慧旅游现状

服务是提高旅游综合开发水平和游客满意度的关键点，在未来建立良好的旅游服务业对提高现代服务业的满意度具有重要意义。智慧旅游作为智慧城市系统的重要组成部分，也成为研究热点。同时，近年来，乡村旅游逐渐成为旅游业的一个新趋势。因此，如何将智能旅游管理应用于乡村旅游中具有重要的研究意义。

（一）对乡村智慧旅游的分析

1. 传统旅游业被智慧旅游逐渐替代

由于智慧旅游具有高效管理的优势，传统的粗放型发展模式将逐渐被取代。与传统旅游相比，通过与规划、营销、管理等活动紧密结合，智慧旅游可以带动周边产业经济增长。比如，搭建乡村旅游共享服务体系，通过统筹农村资源，调动村民内生积极性达到增收目的，还可以结合乡村旅游信息化、智能化、网络化，带动周边餐饮、酒店、医疗等相关服务产业发展，使旅游产品实现营销、管理精准化，实现真正升级。

2. 智慧旅游满足当前消费需求

随着生活水平的提高，人们越来越重视生活品质，信息化的发展给人们带来更加快捷的生活方式，同样也带来相应的挑战。旅游行业的体验感是十分重要的，在体验经济时代，消费者渴望个性化的旅游需求，传统的千篇一律的旅游方式已经不能满足其需求。以往传统农家乐旅游方式已经严重同质化，已跟不上时代的发展。

3. 智慧旅游更能适应时代发展

以往的乡村旅游简单整合了现有农村资源，因信息不够畅通，运营思维狭隘，市场扩张往往陷入两难境地。现在的游客使用互联网手段安排、规划旅游已成为常态，旅游网站和旅游 APP 的大量使用给传统旅行社的经营带来了较大冲击。智能旅游给人们带来了很多便利，利用社区营销，媒体营销和第三方平台营销可以深化客户需求，大幅地降低营销成本，吸引更多的潜在客户。

（二）我国乡村旅游信息化发展现状

1. 乡村旅游网站的建设

目前，国内乡村旅游的信息化发展主要体现在旅游网站的建设方面。之前网站的推广内容大多是国家级旅游景点。近年来，各地区农村信息化有较大发展，旅游网站的宣传重点已变为当地农村旅游景区。部分网站甚至与携程、去哪儿等大型知名旅游网站建立合作关系，进一步提高乡村旅游信息网站建设水平。

2. 乡村旅游管理的信息化建设

随着智能化、信息化的快速发展，乡村旅游也逐步使用信息化管理模式，逐步形成了基于现代信息技术的景区管理系统，如景区电子门票，区域监控系统和电子系统保护。一些信息化发展较快的农村地区已经开始应用 LED 信息发布和卫星遥感定位等先进系统。还有部分乡村景区已经开始使用身份证进入园区，乡村旅游信息化发展水平显著提高。

3. 乡村旅游基础设施的信息化建设

在信息化和当旅游业结合发展趋势下，部分地区的乡村旅游逐步开始构建区域性乡村旅游信息设施。比如，在农村地区建立自助售票机和小吃自动售货机，景区电子入口等实现基础设施的信息化，不仅有效控制了人力成本，还提高了运营管理效率，提高了服务质量。此外，政府积极推行农村信息公共服务平台和网络工程建设工作，明确其在产业升级和发展中的重要性，为乡村旅游基础设施信息化建设奠定基础。

四、我国乡村旅游信息化发展面临的问题

我国的旅游业将乡村旅游信息化的发展与智能旅游的概念相结合，但时间还不长，还有许多需要改进的地方。

（一）网站宣传缺乏足够的重视

城市日益紧张、快速的生活节奏让人们压力越来越大，人们越来越渴望获得暂时平静的生活，放松身心，因此乡村旅游逐渐受到越来越多人的重视，成为他们亲近大自然、重返简单生活的选择。目前，越来越多的企业瞄准这一机会，开始致力于乡村旅游项目的开发经营。但是在经营过程中，因运营公司自身专业认知不足，缺乏对乡村旅游产业的全面了解，片面地追求项目成本控制，未顺应"互联网＋"时代的市场形势，仅采用传统的广告方式推广乡村旅游项目，宣传效果非常有限。此外，一些农村地区建设了宣传网站，受众群体只是本地区的群众，故宣传效果有很大的局限性。

（二）信息化管理水平有待提高

随着互联网信息技术研究和应用水平的逐步提高，乡村旅游利用信息化技术升级服务，有效提高管理工作的质量和效率，同时实现资源的优化配置。但是，由于缺乏正确、系统性的信息管理知识，在实际的信息管理建设工作中，会经常出现数据丢失、数据重复、操作不当、权限不清等问题，不利于信息化数据共享系统建设。同时，大部分乡村旅游从业人员未参加系统性专业技术学习和培训，导致信息化系统管理落实不到位，未发挥真正功能。

（三）信息化基础设施建设工作未全面展开

信息基础设施是智能旅游理念下乡村旅游业发展的重要组成部分。乡村旅游业发展离不开全国旅游业的信息化发展，根据当地特点，加强特色基础设施建设，为旅游信息化的发展奠定硬件基础显得尤为重要。但是，目前农村旅游信息基础设施建设工作还未全面展开，一些乡村旅游景点虽引入计算机设备，但仅在日常办公中使用，并未购买相关管理系统，没有真正实现办公自动化、管理智能化，少数乡村旅游景区建立了自己的网站，这些网站经常存在各种各样的问题。如果许多功能未被充分利用，将会大大影响传播吸引效果。

五、乡村智慧旅游的发展策略

（一）真正打造乡村旅游智慧平台

首先，创建智能管理系统。可以结合大型旅游网站，与百度搜索引擎、地图导航等智能平台合作，增强推广宣传效果，实现客户导流，从而创建精准的旅游模式。此外，还可

以利用航空摄影、3S 等技术监测乡村旅游景点,利用互联网和云计算等技术打造乡村旅游智慧平台。其次,开发定制个性化服务,设立智能开发标准,提高专业化的运营能力。例如,通过系统搜索大数据,可以分析潜在客户的主要需求。在线客户服务部门也可以在办理登机手续前咨询客户,以便他们成为目标客户。最后,乡村旅游应依靠第三方平台,因为自身单独建立网站成本较高,对管理水平要求较高,没有发挥宣传推广作用。智慧旅游最重要的就是资源整合问题,应尽可能地利用政府惠农政策,减少成本。

(二)创新多元化服务方式方法

首先,乡村旅游产品应根据自身特点,结合旅游业发展形势、市场热点等,不断创新产品种类,优化服务质量,创造具有特色的乡村旅游,再融合当地特色饮食文化、民俗文化、历史文化,挖掘当地历史传承文化,如妈祖、土地神等,这也是一种文化传承的体现或者一些美丽的传说、典故,在当地传承下来的饮食方式和生活方式等,都是值得探索的地方。其次,可设立一些农村乐趣项目,有水的地方可以钓鱼,有山的地方可以爬山,有田的地方可以种植,有地的地方可以采摘;还可以设计趣味比赛等,结合互联网场景营销,开展各种文化主题,增强乡村旅游的乐趣,满足各种客户的需求。最后,利用民族特色增加体验感,如蒙古包、苗寨城、布依山村、滇乡鼓楼、民居、土司城堡、庙堂亭和巫师坛等。这些民族资源将转化为网络场景,并在微博、微信、QQ 进行散网式宣传,以树立品牌形象。

(三)切实转变乡村旅游发展模式

第一,充分实现智能化服务,实现从预订、体验、实施到后期评估的智能化处理。游客通过手机可以开启智能旅游体验。提供的旅游服务应方便游客,如预订退款等,提高便利性。第二,为游客提供多元化的智慧服务。例如,有的景点比较大,游客不熟悉路线,可能会出现走错、迷路等问题。为此,有必要在 APP 中添加景点地图,为游客提供智慧导游服务。第三,利用智能技术提高管理水平,提高景区管理质量,如景区内卫生点逐点清理、车辆智能导航、APP 实时反馈等解决客户难题。第四,树立共同发展、共同致富的理念。乡村有大量绿色农产品、美丽的自然风光、质朴的村风民俗,而城市的人们无法实时享受这些资源,因此可以开发有特色的农庄、农家乐产品等。第五,乡村旅游应善于运用网络营销方式,如在微博上创建热门活动,关注游客关注的问题,实施活动营销。

信息时代给"智能旅游"和"在线旅游"带来新的机遇和挑战。旅游企业应整合资源,重视媒体布局,利用科技建立共享平台,在优化"在线旅游"服务的基础上,为游客提供全方位的服务。同时,实现智能乡村旅游信息化建设是我国旅游业发展的必然趋势。通过乡村旅游信息化建设,可以带动项目村庄及周边地区的经济发展。因此,有关部门和人员应深化对项目开发和信息化建设的思考,促进实践技术升级,促进智能乡村旅游更快更好地发展。

第六章　智慧旅游下的旅游服务研究

第一节　文化差异与旅游服务贸易

随着世界经济水平的不断提升，人们的物质生活有了长足的进步，对于旅游方面也有了较大的需求，在这样的背景之下，人们热衷于出境游，以此来体验不同地区的生活方式及风土人情。旅游服务主要是指给游客提供游玩、娱乐、衣食住行方面的综合性服务，主要包含交通服务、导游服务、旅游咨询服务、娱乐服务、食宿服务以及购物服务等。在旅游服务贸易中，由于各个国家及地区之间有着较为显著的文化差异，使得不同国家的旅游服务贸易效益也迥然不同，文化差异对其有着较为显著的影响。从积极方面来说，文化差异能够积极推动旅游服务贸易的良好发展，促进贸易效益的稳步提升。从消极方面来说，当文化差异过大时，其会影响旅游贸易的创汇收入，加之各国之间法律法规不尽相同，也会让旅游贸易面临着较为严峻的考验。

一、文化差异下影响旅游服务贸易的因素

（一）地域环境及文化习俗相似

相似的地域环境及文化习俗往往是吸引游客进行游玩的重要因素。在旅行中语言、习俗以及当地文化这些方面的差异往往会产生难以克服的问题，对旅游服务贸易产生一定的抑制作用。部分人群为了能够对潜在的风险进行避免，往往更为倾向于选择和自身所在地区文化相近的国家或区域进行旅游，以此来让旅游中的安全感得以增强。这主要是由于文化差异过大，会让外来游客与本地居民之间在各个方面产生一定的摩擦，文化差异过小，就会最大化地降低文化冲突。例如我国部分游客，特别是年龄较大的游客对非洲、欧美地区的国家进行出游往往怀着忧虑的态度，存在着一定的抵触心理。这类游客往往会首选临近我国的日本、韩国、新加坡等亚洲国家。由于这类国家和我国的地域文化相似，游客往往能够收获更佳的服务体验。故而地域环境、文化习俗都能够对旅游服务贸易产生有利的影响。

（二）独特的文化及地理环境

相似的地域文化能够让旅游服务显得更为方便，让部分年龄较大游客的后顾之忧得以消除。而对于年轻游客而言，他们更热衷于新奇的事物及景观。当两个国家及地区的文化之间存在着较大的差异时，就会产生较为丰富的旅游资源，形成独特的文化及地理环境。这能够较为充分地吸引年轻游客的兴趣，使其更倾向于选择这类地区出游，从而提升该地区旅游服务贸易的效益。所以独特的文化及地理环境能对旅游服务贸易产生有利的影响。

（三）法律法规缺乏同步性

每个国家都会针对自身的旅游服务制订相应的法律法规。由于社会文化形态的不同，所设立的法律法规也有着较大的差异。这就造成游客在出境时，很难充分地了解目的国家的法律法规，很容易触碰到目的国家或地区的法律禁区，从而无法保障自己的切身利益，甚至对生命财产安全也存在着较大的威胁。因此为了避免这类现象发生，游客又无法对该国的法律法规进行深入地了解，那么就会选择不对这类国家或地区进行出游，使得旅游服务贸易的效益大打折扣。

（四）方言、宗教文化之间差异过大，入境游面临巨大的挑战

出、入境游属于综合服务行业的范畴，主要会受到社会整体服务水平及方言文化的制约。游客在出境游以及外来游客进行入境游时，如若未能选择该国的大城市，便可能遇到当地不同方言文化的现象，导致自身无法进行正常沟通。同时各个国家及地区也存在着不同的饮食禁忌及宗教文化，这很有可能对游客造成不良的困扰，进而抑制游客对小众语言文化国家进行出游的现象。

二、文化差异下促进旅游服务贸易发展的建议

（一）加强文化交流，促进文化融合

当前在旅游服务贸易中，文化差异是阻碍其良好发展的重要因素，通过对不同国家之间文化交流地加强，能够有效减少甚至消除文化壁垒对旅游服务贸易所产生的不利影响。相关国家政府部门可以积极探索不同国家文化之间所存在的共性，以此为切入点来建立与其他国家之间的良好友谊，充分拉近国家之间的距离，大力推行文化交往，实现求同存异，共同进步。同时也可以积极采取合办教学的模式。以我国为例，我国可以通过和其他国家合办教学的方式来对外进行中华传统文化的宣传与弘扬，并对外来文化中的精髓进行学习与借鉴，使得二者之间达成有效地互补。国家之间应当建立文化信任感及认同感，通过国际文化交流平台来深入了解彼此之间的文化特点，从而促进文化之间的有机融合。

（二）利用人文资源优势丰富旅游产品

对于某个国家或地区的旅游产业而言，要想让自身所具备的竞争力得以提升，前提条

件是必须在人文资源或自然资源中占据至少一方面的优势。不论是人文资源抑或是自然资源，其独特性越高，那么在市场之中的垄断力也就越强。就我国而言，我国所具备的文化资源在全球范围内名列前茅，故而对我国既有资源进行充分的利用与整合，尤其是针对人文资源能够有效推动我国旅游产业的良好发展。2019 年，我国已经拥有 55 项世界遗产，其中世界自然遗产达到了 14 项，世界文化遗产达到了 37 项，世界自然与文化双重遗产为 4 项。由此能够看出，我国在具备较为优渥的人文资源条件，在发展旅游服务贸易方面有着得天独厚的优势。同时我国有着数量众多的民族，部分民族独立发展，部分民族融合共进，这都让我国人文资源具备较为明显的差异性及多养性，历史积淀性也较为浓厚，这充分说明了我国在国际旅游市场中具备较为强大的竞争潜力，相关人员应当进行有效地宣传，充分迎合目标市场的相关需求，对海外游客的关注点及兴趣进行全面的了解，针对性地设计出具备较强民族人文特点的旅游产品，从而推动我国旅游服务贸易的良好发展。

（三）重视文化距离对旅游服务出口市场的影响

相关人员应当对旅游产品所具备的民族性进行重视，采取"走出去"的战略方针，通过对旅游服务贸易的发展来让某一国家或地区的文化在全球范围内得到认可。就我国而言，针对居民收入水平较高且并不属于儒家文化圈范围中的国家或地区，相关人员应当通过文化差异性这一方式，充分利用习俗、传统节日、独特饮食来让旅游体验所具备的独特性得以彰显，推动文化差异在我国旅游服务贸易中的积极影响。同时也应当根据市场中容易被认可与接受的旅游宣传模式，来让其和我国之间不同的文化元素得到有机融合，进而最大化地调动国外游客对我国相关文化的热情，以此来让旅游服务贸易的规模得以扩大。针对居民收入水平较低且属于儒家文化圈范围中的国家和地区，可以通过文化亲近的营销方式来让我国文化所具备的友善性及包容性得以彰显，进而最大化地减少这类地区游客所具备的风险感知水平。

综上所述，各国之间的文化差异就好比一把双刃剑，有利的因素能够推动旅游服务贸易的良好发展，不利的因素则会对旅游服务贸易发展产生抑制作用。各国应当充分利用其中的有利因素，并采取合理的措施来解决不利因素对旅游服务贸易的影响，从而获得更佳的旅游服务贸易效益，推动社会和谐发展。

第二节　旅游服务村的空间属性

结合近年来乡村旅游发展形势，提出旅游服务村的概念，指依托周边景区的客源市场、以旅游服务为主导产业、结合自身景观资源进行开发建设的乡村类型，从而进一步探讨景区周边乡村的发展困境与对策。通过实地调研、访谈、文献查阅与归纳等方法，分析传统乡村演变为旅游服务村的过程，呈现出"功能融合"与"形态扩展"两种演变特征，反映出旅游服务村的景区依赖性和商业引导性的形成以及传统乡村属性的继承发展等空间属性变化。在此基础上，针对缺少独立旅游吸引物、景观风格杂乱夸张、景村联系不够紧密等问题，从艺术介入优化产业模式、完善配套服务设施、营造乡村风貌的整体性、构建景村互利的城郊旅游体系等方面提出相应的发展对策。

近年来，随着城郊旅游快速发展，各类风景区、旅游村、度假村吸引了大量游客前来参观游览，周边乡村以此为契机大力发展餐饮、住宿等旅游服务行业。这类乡村多位于传统村落、历史名村、自然风景区等各类景区景点周边，通过为游客提供住宿、餐饮等旅游服务带动自身发展，形成旅游服务村这一乡村类型。

当前学术界尚未提出旅游服务村的概念，并针对该类型乡村进行研究，多数学者是在乡村旅游或古村落保护等研究领域中涉及旅游服务村的相关特性。如陈楠等将农家乐、采摘园等旅游服务村的经营功能归纳为乡村旅游的新兴发展业态；陈耀华、王妍婷等则分别针对各自案例对风景区周边村落的发展策略进行深入探索；车震宇对传统民居向旅游民居转型过程中的空间功能转变与景观演变的关系进行了说明。可见，虽然旅游服务村已成为典型的景区周边乡村类型，对研究旅游带动乡村发展这一社会性课题具有重要研究价值，但对于这类乡村所具备的共性特征缺乏基本的总结研究，对其如何针对自身特点采取更为合理的发展策略缺乏深入思考。

一、旅游服务村的概念

本节提出旅游服务村这一概念，特指传统乡村借助周边旅游资源发展旅游服务行业进而演变形成的乡村类型。与传统古村落或旅游村不同的是，旅游服务村的发展并非依靠自身的旅游条件，而是依托周边景区的客源市场，结合自身景观资源提供旅游服务从而带动当地经济发展。近十年来，"北京市最美乡村"超过半数的获选乡村中，旅游服务作为重要的新兴产业，既主导着当地经济发展方向，也对村民的生产生活方式产生潜移默化的影响。旅游服务村的出现不仅是旅游发展引发的经济现象，更是当今时代传统乡村整体演变的缩影，而这种演变根本上来自使用人群和使用方式的转变，并引起整体的空间功能和空间形态变化。

二、旅游服务村的演变过程

乡村空间是乡村居民与乡村环境相互作用的场所，是居民居住、就业、娱乐、休闲等日常活动交互叠加的空间聚合体。空间属性则是反映乡村空间在功能、形态等方面的性质，受使用人群、使用方式、环境条件等要素的多重影响。旅游服务村的出现不仅是一种经济现象或景观演变现象，更是作为一种新兴的文化景观类型，反映当前时代人类与自然环境共同完成的进化历程。结合对当地村民的走访调查结果和相关资料的对比分析，旅游服务村的核心特点在于从传统乡村的"居住空间 + 生产空间"的空间功能模式转变成"居住空间＋生产空间＋服务空间"的新型模式，其过程可归纳为"功能融合"与"形态扩展"两种演变形式。

（一）空间功能的融合

功能融合主要指空间为满足使用者需求而在原有功能基础上衍生出新的使用功能，对于旅游服务村而言，主要包括居住功能与服务功能的融合以及生产功能与服务功能的融合。

1.居住功能与服务功能的融合

居住功能与服务功能的融合主要指居住空间在原有的居住功能基础上融合旅游服务功能，具体表现为民居建筑经过改造，形成居住经营一体化的经营式民居，旅游淡季作为住宅、庭院，旅游旺季又成为提供住宿的服务设施。这种兼具生活和服务功能的经营式民居作为旅游服务村的特征单元，成为传统乡村景观元素与商业景观元素的重要结合形式。

2.生产功能与服务功能的融合

生产功能与服务功能的融合指生产空间的传统农业生产功能逐渐转变为服务功能，随着游客人数不断增多，服务需求不断增大，传统生产空间开始衰退，表现为农田、果园等传统生产地块转变为以服务功能为主导的体验型生产空间，农产品不再是人们满足温饱的必需品，而是作为体验、展示性质的旅游服务产品。

（二）空间形态的扩展

扩展主要指各功能空间由于使用者需求增加所引起的空间规模扩大、使用形态演进的过程，对于旅游服务村而言，主要表现为服务空间的扩展和居住空间的扩展。

1.服务空间的扩展

以北京市延庆区玉皇庙村为例，该村在2002—2010年间，完成了约半数民居的翻新以及公共空间、基础设施的改造，为民俗旅游的进一步发展打下坚实基础。2010年后，随着游客数量的增加和政府的扶持，结合周边荒地开发和民居院落改造等方式，服务空间规模持续扩大。除此以外，村民将经营式民居、农田、果园、菜地等进行整合，形成乡村文化展示区块乃至产业园区，使乡村服务形式从单一的餐饮、住宿演进成为集食宿、民俗体验、农产品交易多种功能于一体的系统化服务，实现空间使用方式的演进。

2.居住空间的扩展

一方面在村内空地进行院落扩建，或在原有院落内进行建筑翻修，通过空间规模的扩大增加居住面积；另一方面，通过在村落周边空地建造洋楼、别墅，实现使用形态的演进。虽然洋房的建设更多来自政府在新农村建设上的投入与支持，但民俗服务行业所带来的经济收入和宣传作用对这一建设进程的推动作用不可忽视。

空间的功能融合与形态扩展是旅游服务村的重要演变特征，反映由传统乡村演变形成当前类型的过程。其中，功能融合是形态扩展的内在动力，而形态扩展是功能融合的物质表现，也是实现空间功能转型的物质基础。

三、旅游服务村的空间属性

旅游服务村经过空间功能融合及形态扩展，使用人群和生活生产方式不断发生改变。从产业上，旅游服务村是景区的延伸，成为整个游览空间的一部分，从而形成对景区的依赖性；从使用人群上，空间所服务的人群除了原住居民之外，还要服务大量城市游客且游客的消费需求成为乡村空间转型的重要推动力量，因而发展出商业空间的雏形；旅游服务村作为村民的生活场所，仍是最为核心的空间属性，是景区依赖性和商业性发展的基础。

（一）景区依赖性的形成

随着旅游服务村生产模式逐渐成形，以第一产业为核心的传统农业生产模式被打破，生产重心不断向旅游服务业偏移。空间功能上，旅游服务村原有的居住空间与生产空间都在旅游产业引导下成为具备服务功能的融合性空间；生活及生产方式上，村民所从事的主业由农业生产或出外务工逐渐转变为民俗旅游产业经营，原先的生产、生活模式成为民俗展示的产品，村民的经济收入水平、工作强度与景区的客流量紧密相关。可见，景区资源对旅游服务村的生产、生活方式的影响越来越深入，乡村发展也越来越依赖于景区所提供的发展机遇和资源。

旅游服务村与景区之间的联系不断增强，对于乡村的发展既是机遇也是挑战。一方面，不同功能、不同风貌的旅游服务村与景区可以形成功能更完备的游览系统，实现旅游景点与服务节点的良性互动，为乡村经济发展提供更多机会；另一方面，景区对乡村经济的带动作用存在不确定性，随着乡村旅游规模的扩大，在市场竞争中被淘汰的旅游服务村需要另寻出路，且过多游客涌入乡村可能破坏乡村风貌的完整性与原真性，影响乡村的长远发展潜力。

（二）商业导向性的形成

随着旅游服务村的服务需求不断增加，旅游服务成为村民生产、生活中的重要组成部分，反映出传统的乡村人居环境正逐渐转化为以乡村环境为基底的商业服务空间。这种以商业为导向的服务空间与传统乡村的区别不仅在于使用人群、使用方式的转变，更在于由功利性、目的性导向引起的决策权变相转移。虽然在物质层面上乡村仍由村民所占有和管理，但很大程度上村民需根据城市游客的需求或村民所理解的游客需求进行决策。

这种商业导向性使乡村空间中开始出现城市公共空间的部分特征，如空间使用人群范围扩大、人群聚集度增加、人们的互动更加频繁等，这意味着旅游服务村的景观风貌营造不能仍局限于乡村景观元素，更要尊重外来游客在生活习惯和审美方式上与原著居民的差异，注重配套服务设施的完善，实现对景观风貌的整体性控制，带动乡村人居环境的改善与提升。

（三）乡村性的继承发展

乡村性作为乡村空间特征的重要表现，是用以区别乡村性质有别于其他地理空间的重要判定标准，涵盖人口结构、地域特征、生产结构等多个方面。旅游服务村在其发展过程中完全打破了以农业生产为核心的产业结构，大量居住用地和生产用地改变用途，形成了与传统乡村相区别的空间属性。然而，优化乡村人居环境是其空间属性发生改变的深层原因，当地居民顺应当前城郊旅游发展的大趋势，拓展乡村的服务功能，在提升经济收入的同时带动乡村居住环境的改造提升。从历史角度来看，旅游服务村这一形态的出现只是当前社会发展环境下人们采取应对策略所导致的必然结果，作为村民基本生活场所的乡村性仍是长久保持的核心属性。

城郊旅游的迅速发展与乡村独特的自然、人文景观资源密切相关。乡村自身相对纯朴和去人工化的整体风貌，即乡村性所展现的乡村意象，一直是吸引乡村旅游者的重要驱动力。表面上旅游服务村不断进行城市化、商业化的转变以适应当前的发展需求，但漫长的历史进程中所沉淀的文化底蕴才是乡村可持续发展的根基。因此，旅游服务村所呈现出的演变特征表面上是乡村属性的不断弱化，但本质上是新型城乡关系下传统乡村性继承发展方式的变革。

四、旅游服务村的发展对策

当今旅游服务村的发展受土地政策、资金状况、区位环境等现实条件的局限，面临以下几个主要问题：首先，过度依赖周边景区，自身不具备独立的旅游吸引物，其发展具有较大的不确定性，且旅游服务村之间的攀比式发展容易造成区域内的恶性竞争；其次，当前多数旅游服务村的相关决策主体对空间属性的变化和游客需求的认知较为滞后，出现了空间功能混乱、景观形式杂乱夸张等问题，破坏了乡村原有的景观风貌，影响了游客的整体游览感受；另外，大部分旅游服务村与景区的联系不够紧密，仅作为游览线路上的服务站点，未能与景区形成功能的整合或风格的协调。旅游服务村的景观风貌、生活方式等独特景观资源是吸引游客、带动自身发展的重要因素，对其长远的发展潜力有着至关重要的作用。因此，旅游服务村应立足现实条件，针对游客需求，分阶段、分层次地对其景观资源利用方式进行综合优化。

（一）艺术介入，建立多元化经营模式

近年来，旅游服务村借助区位优势实现了民俗旅游的快速发展，但从长远来看，随着旅游服务行业的发展，仅靠区位优势和廉价劳动力必然后劲不足，陷入瓶颈。新农村的人居环境提升可通过艺术介入的方式，引入艺术家、专业团队等社会各界人士，推进文化创意产业的发展，并带动当地居民投身于社区美化、社区改造等活动中，开发乡村资源的新型利用模式，打造劳动、教育、福利相互促进、共同发展的多功能产业运作模式。

艺术介入的方式广泛应用于日本、韩国、台湾等地区和地区，如台湾桃米村结合自身

环境特点开展青蛙观光业，在提升当地居民收入的同时，带动生态环境的恢复与整治。艺术介入一方面可以提升村民对于乡村环境的参与度和认同感，并在这一过程中营造乡村生活美感，成为独特的旅游吸引物；另一方面，有助于整合产业结构，使原本相互独立甚至相互制约的农业生产与旅游服务形成联动效应，推动产业发展模式的升级。

（二）以点带面，逐步完善配套服务设施

旅游服务村作为具有商业性质的功能性场所，不能满足于"农家乐""采摘园"等较为原始的形式，应通过前期旅游服务收入及政府补贴，带动基础设施升级和景观环境建设，形成"产业、基础设施、景观一体化"的联动发展模式。

升级服务设施的最终目的是使旅游服务村具备独立的旅游吸引物，而这一目标可以通过两种模式来完成：其一是借助区位优势整合乡村景观资源，发展成为兼具服务功能的关键旅游节点，例如蓬莱长岛，虽然整体风貌相对原始，却是整个"海岛游览—海鸟观赏—渔村体验"游览体系中不可或缺的重要节点；其二是借鉴裸心谷、法国山居等高端民宿，通过基础设施的建设升级实现乡村景观的人工化和精致化，打造高端服务设施作为吸引游客的核心要素。

（三）明确定位，整体营造新式田园风貌

旅游服务村作为具有经营性质的乡村类型，与其他商业性空间的本质区别在于独特的乡村景观资源，如民宿、农家饭、采摘、农事体验及周边自然环境。因而，服务空间与其他功能空间融合形成的经营性乡村意象主导着旅游服务村的景观环境，这些意象的表达效果决定旅游服务村的核心吸引力。当前大多旅游服务村仍处于发展初期，景观定位不够明确，商业元素的运用粗糙混乱，存在如经营招牌简陋、地标设施夸张、建筑风格雷同等问题，呈现出"不城不乡"的乱象。相比之下，安徽宏村等发展较为成熟的景区往往具有明确且适合自身环境特点的发展主题，在强化徽派建筑特色的基础上，以小体量、低色差的方式融入商业景观元素，打造出地方性与现代感并存的乡村景区。

随着城市游客涌入乡村，景观的营造对于旅游服务村吸引力的重要性必然不断提升，甚至可能成为未来发展的核心竞争要素。因此，旅游服务村应立足环境现状，明确发展定位，将乡村传统的景观资源与现代、精致的景观处理手法相结合，强化传统乡村最具吸引力的景观特质作为场地的主题或线索，借助乡土性、地域性的表达方式使商业元素与乡土景观风貌相融合，打造现代风格与乡村风貌兼容的新式田园，结合自身特色和优势对服务内容进行创新优化，为游客提供更好地游览体验。

（四）因势利导，打造景村互利的城郊旅游体系

旅游服务村的发展模式依赖于景区资源，但其经营方式大多是各自开发、个体经营的形式，与景区并未在整体风格上形成呼应，反而与周边同类型乡村在经营内容、整体风貌上存在雷同。旅游服务村的开发应顺应自身空间属性的转变，可通过景观元素的引用、景观风貌的借鉴等方式与景区形成呼应，根据现实情况适当开发与景区互补的特色项目，在

区域范围内打造以景区为核心、以旅游服务村为节点、以自然环境为基底的城郊旅游体系。

打造合理的旅游体系一方面要结合不同乡村的资源优势，将景区游览、餐饮住宿及其他休闲娱乐功能进行整合分配，全方位地提升游客体验，提高城郊旅游的持续发展能力；另一方面，应通过旅游带动农产品加工产业发展，根据乡村产业资源特征对客源进行合理分配，在旅游淡季仍能保证村民的基本收入，推动乡村旅游产业链的进一步完善。

综上所述，旅游服务村是在城郊旅游快速发展的背景下由传统乡村演变而来，表现为融合与扩展两种空间演变特征，反映出当前旅游服务村逐渐形成对依托景区的依赖和以商业为产业主导的空间属性，而这些变化本质上是当前发展背景下传统乡村属性的继承发展方式。当前大多数旅游服务村经历了相似的发展历程，借助周边景区发展带来的便利条件发展自身民俗旅游服务行业，带动基础设施改造、就业扶持、产品宣传、福利保障等一系列农村建设工作，为其他旅游区周边乡村发展提供更开阔的思路和启示。同时，旅游服务村大多面临着相似的困难如资金短缺、土地政策限制、客源不稳定等，因此，对于旅游服务村的规划改造，一方面要优化乡土景观元素组织手法，营造具有独特吸引力的新时代乡村景观，同时应兼顾旅游活动对乡村环境和村民生活质量的影响，并在现有的资金、土地、人力条件下，探索乡村持续发展的长久之计。

第三节 论旅游服务意识

服务意识是服务工作的灵魂，直接影响着服务质量的好坏，对旅游业的发展有着重要的意义和影响。本节通过对旅游服务意识存在问题的分析，提出了加强和改进对策。同时，本节呼吁通过旅游服务意识的改善和示范作用，引起社会的广泛认同，促进中国进入服务型的和谐社会。

在物质条件相当丰富的当今，服务已经变得越来越重要。旅游业作为服务行业，其实质就是服务，服务质量是旅游业的生命线。而服务意识是服务产品的生命线，是服务工作的灵魂，直接影响着服务质量的好坏，是顾客满意度的源头。加强与提升旅游业从业人员的服务意识有助于旅游业的持续健康发展。如何加强服务意识，提升服务质量，是旅游业发展的重要任务。

一、服务意识与旅游业

（一）问题的提出

有关服务意识的主题已经得到广泛关注与研究，旅游业中服务意识的探讨和研究主要聚焦在以下方面：其一，结合具体区域，通过分析当地旅游业中服务意识存在的问题，提出相关的解决办法，如借助问卷调查，有学者分析了浙江临安旅游从业人员服务意识存在的缺陷，提出提升旅游从业人员服务意识的若干措施；其二，在旅游职业教育方面，树立服务意识是旅游教育的重心，加强职业道德教育是提升旅游服务意识的重要手段，如针对当前高校旅游职业道德教育存在的不足，提出提高教育的有效性，正确理解服务，树立牢固的服务意识。第三，如何加强酒店从业人员的服务意识，如有学者提出通过加强学习、强调实践、灵活管理等可以提高酒店从业者的服务意识。相比较而言，针对酒店服务意识的探讨较多。随着技术的不断进步及服务标准化、规范化的普及，酒店在硬件、服务质量等方面的差距逐步缩小。为了更好地获得竞争优势，服务意识、服务创新变得越来越重要，受到越来越多的关注。

（二）服务意识的内涵与重要性

服务意识作为旅游心理学范畴，指服务人员对服务的感觉、知觉和思维的一种具有复合结构的认识过程。笔者认为，服务意识是服务行业从业人员在服务的过程中所表现出来的态度取向和精神状态，是他们基于对服务工作认识基础上形成的一种职业素养和职业意识。

服务意识对服务质量具有重要影响。就旅游业而言，若从业人员服务意识不强，即便在资源、设备齐全的条件下，也无法为旅客提供优质服务；若从业人员具备完善的服务意识，则可以弥补资源和设备的不足。纵观酒店行业，无不以优质的服务获得成功。青岛海天酒店狠抓服务质量，在全国率先推出把宾客尊为"上帝"的跪式服务，大大提升了酒店的知名度和美誉度。

服务意识同样影响到服务能力。意识主导行为，服务意识对员工的服务能力和服务行为具有极大导向作用。良好的服务意识包含端正的服务态度，积极的精神状态和高尚的职业觉悟等。它可以促使旅游从业人员设身处地地为客人着想，努力提高自身的技能水平和服务水平，促进服务能力的提高，弥补硬件设施的不足，满足顾客的需求。现在很多人已经把"态度""觉悟"等列入能力的范畴，所以具备良好的服务意识，就等于拥有了一定的服务能力。

二、旅游服务意识的现状

旅游业在我国已经获得空前的发展，随着国民经济快速的发展，旅游业将会被推上一个新的台阶，其前景辉煌。然而，我国旅游业中服务意识的现状与旅游业的发展极不协调，存在着诸多问题与不足。目前旅游业中服务意识存在的问题有以下几个方面：

（一）服务态度不端正

在我国历史上曾把服务业的从业人员归为下九流，认为服务业的从业人员是侍候人的，低人一等。受陈腐观念的影响，很多旅游从业人员缺乏职业自豪感和自信心，导致在服务过程中态度不端正。例如酒店中很多刚毕业的大学生，无法放平心态，认为自己为他人服务是很丢人的，在对客户服务中不能做到热情、主动、积极。有的甚至不把客人的需求当回事，严重影响服务质量。部分导游把自身职业看作是赚钱的手段，带游客走马观花，根本满足不了游客的精神和文化需求，所以我国每年发生大量的游客投诉事件。据不完全统计，自2006年开始实施"五·一"或"十·一"黄金周度假制度的四年中，旅游行政管理部门接到旅游投诉中涉及导游服务质量的竟然达到79%。服务质量的好坏八成在于服务的态度，而提高服务态度关键在于观念的改变。所以通过一系列手段和措施改变目前旅游从业人员的观念是改变旅游服务质量的关键所在。在这一点上，日本的经验值得我们学习。"顾客是上帝"不是写在标语上的，而是凝刻在心中的。

（二）素质较低，缺乏职业道德

媒体上频频暴出的"黑导游"让人们深恶痛绝，导游服务质量已经成为我国旅游业发展的瓶颈。导游作为旅行社的窗口，旅游业的"灵魂"，导游服务是整个旅游服务的重要组成部分，其质量的高低直接影响着旅游业的形象和声誉。然而，当前泛滥的导购现象已经严重损害了旅游者的利益和旅游业的健康发展。由于受强制购物因素影响，香港一名男性老年旅游者心脏病发作，猝死在旅游现场。这起事件引起社会极大关注，使我们不得不对这一社会现象进行深刻反思和总结。为此，国家旅游局还专门提出了"2010全国旅游服务质量提升年"旅游服务警示——提防低价陷阱，抵制强迫购物。

或许应该从本质上研究问题的产生原因，找到问题产生的根源，从根本上解决旅游从业人员素质低、职业道德缺乏的问题。素质的高低、服务意识的强弱并不是与生俱来的，后天的学习和培养对其产生重要的影响。

（三）业务能力差，技能水平不高

这主要表现在从业人员没有熟练地掌握服务常识、服务技能和服务流程，不能很好地为游客服务。一部分导游对景点的文化内涵及历史了解甚少，只是机械地、千篇一律地背导游词，更重要的是缺乏业务组织能力和应变能力，当旅游行程中发生突发事件时不能及时有效地处理，影响旅游者的旅游质量。饭店业中有些员工也是眼高手低，不注重自身技能的提高，不注重细节，不能很好地为顾客服务。

三、提升旅游业服务意识的对策

（一）构建良好的企业文化

纵观全球知名企业，几乎都有自己独特的企业文化。企业文化是企业的象征，是企业的灵魂所在，常常被人称为通往成功之路的尚方宝剑。企业文化的人文力量，可以为员工创造一个具有和谐人际关系、能充分发挥各自能力实现自我价值的工作环境。企业文化的凝聚力能通过建立共同的价值观念和企业目标，把员工凝聚起来，使员工具有使命感和责任感。另外，企业文化所形成的文化氛围和价值导向能够激励员工，将员工的积极性、主动性和创造性调动与发挥出来。员工服务意识的加强有赖于企业文化的建设。

企业要营造一种以人为本的氛围，使得员工之间、领导与员工之间相互关心、相互服务、相互支持，使得平等的服务理念深入人心，特别是领导对员工要关心，使得员工感到受人尊重，从而振奋精神，努力工作，提升服务质量。管理人员的率先垂范是培养服务意识与服务技巧的最好手段，在这一点上，很多国外酒店都做得很好。例如，香格里拉酒店，在客人较多时，经理们会亲自去端盘子，帮助员工。这样不仅缓解了员工的工作压力，还提高了自己在员工心目当中的威信，有利于团队凝聚力的增强。

（二）尊重员工，重视员工

国际假日集团的创始人凯蒙·威尔逊先生曾经说过：没有满意的员工也就没有满意的宾客；没有令员工满意的工作环境，就没有令顾客满意的享受环境。所以要想接待好顾客这一"上帝"，就要先接待好"上帝"的"仆人"。有研究表明，企业的支持与激励直接影响员工的工作满意度，企业在精神和物质上的支持可以满足员工的情感需要，增强员工理解和满足顾客需要的能力和信心，激励员工为顾客提供优质服务，提高顾客的满意度。很多企业深刻意识到了这一点，尤其是酒店行业，不仅给予员工以物质上的奖励，更注重员工的精神激励，使员工很好地发挥自己的潜能。例如，马里奥特酒店集团十分重视员工的管理，通过建立公平的竞争机制，尊重员工的个人价值，重视情感投资，给予员工丰厚的待遇等措施发挥员工的工作积极性。

尊重和重视员工，要对员工进行情感管理。管理人员要以平等的姿态与周围的员工进行广泛而真诚的交流与沟通，重视员工的心理需求，了解员工的情绪变动，学会换位思考，为员工提供和谐、愉快、具有人情味的工作环境，使员工愉悦地为顾客提供发自内心的微笑服务。例如美国洛杉矶迪士尼乐园的行政管理人员每周都要在游乐场担任卖爆米花和收门票的角色，以亲身体验员工的工作情况。

（三）通过授权管理增强员工的主人翁意识

员工只有具有强烈的主人翁意识才能拥有真诚的服务意识，才能做到"宾客至上"。在企业管理中，鼓励员工提出合理化建议，让员工参与管理，可以很好地激发员工的主人翁意识，使员工以主人翁的姿态去工作，从而提高企业的经营管理水平和服务质量。

在旅游服务过程中，客人的需求是快捷的，这一性质决定了旅游从业人员必须被授予一定的服务权利，有权处理一些应急事务，才能为客人提供满意的服务，提高服务的质量。所以对员工进行授权，调动其积极性和主动性，对客人的需求作出迅速的反应，提高客人的满意度；对员工授权，可以有助于员工自身价值的实现，增强自身的使命感和责任心，激发起其内心的主人翁意识。例如，在酒店工作中给予员工一定的决策权，如一定的人事、资金等支配权利，允许员工按照自己认为正确的方式行使权利，及时有效地处理问题，降低投诉率，打破常规，主动灵活地为客人做好服务工作。

（四）引导员工为自身的角色准确定位

员工服务意识淡薄在很大程度上是由于对自身角色的定位不准确，由于受传统观念的影响，员工对自身职业存在偏见，因此在服务过程中不能树立正确的服务理念。所以要引导员工正确区分社会角色与心理角色的关系。赵普光认为社会角色和心理角色是不同的，其各自的关系也各不相同，很多服务人员服务意识差的原因就是没有区分开这两者之间的关系。社会角色表面上的不平等导致了从业人员心理角色上的不平等。要教育员工正确认识社会角色关系与心理角色关系的区别，保持心理角色关系的平等，使自己的心理逐渐变得成熟、强健，正确认识社会角色关系的表面不平等，完善其服务意识。企业管理者要针对员工的特点，通过培训和教育，让员工深知自己与被服务人员只是、角色不同而已，人格绝对平，使员工真正成为"为绅士和女士服务的绅士和女士"，增强其职业自豪感。

（五）引进国外的"小费制"

国外"小费制"的实质就是由顾客根据自己对所接受服务的感受和体验，对服务质量和服务态度进行评价，在满意基础上对提供超过平均质量要求的服务人员给予报酬与奖励。尽管小费制度的接受和实行存在民族文化背景上的差异，诚如有学者指出，在美国黑人消费者给小费普遍比白人低。旅游业是开放性与国际化的服务产业，与国际接轨，吸收国际的成功做法，势在必行。如同国内正在推广旅游购物退税制度一样，相信中国也会慢慢走上服务小费制度。在我国旅游业中引入"小费制"不仅可以激励从业人员提供优质的服务，而且可以更好地满足游客的需求，大大提高顾客的满意度。这一机制的引入，可以有效解决顾客满意度与服务质量之间的问题，在两者之间架起一座桥梁，也是解决旅游服务行业人员流动率高与提高顾客忠诚度的有效办法。

服务的本质就是付出，而互相服务就是相互付出，各得回报。服务意识的提高适用于各行业，它对于社会的和谐健康发展起着重要的促进作用。笔者认为旅游行业服务意识的改善在整个社会将会引起正面效应，起到示范作用。因为随着旅游业的进一步发展，人们对旅游的要求也会越来越高。旅游服务意识的完善有利于弘扬整个社会文化，营造良好的人际关系氛围，促进我国的和谐社会建设。旅游从业人员正确认识服务与被服务的关系，彻底转变观念，准确定位自己的角色，把服务他人放在第一位。那么旅游业对于社会的贡献不仅仅只是经济上，旅游的社会功能、文化功能将会真正发挥作用。

第四节　网络定制特色旅游服务

在整个旅游市场中，大学生群体是独立、特殊而又重要的组成部分。他们的自主支配时间较长，人数众多，是一个非常有潜力的消费群体。本研究项目组依托网络平台，为高校学生提供定制旅游服务，在研究发展高校自主旅游品牌的同时宣传中国各高校校园文化，弘扬地方特色传统文化，增加大学生的文化素养和培养爱国情怀。

大学生旅游更倾向于自助游，结伴出游，但是经费是其首选考虑的问题，因此旅游的具体环节更喜欢自己 DIY，以便减少费用；另外，大学生愿意花大量时间来收集关于旅游目的地的相关信息，获取住宿、景点和交通状况等方面的详细资料，但是目前缺乏有针对性的旅游信息交流平台。除此之外，他们进行旅游的文化以及精神动机也经常被忽略，国内的旅游企业很难提供合适的旅游产品给他们。鉴于此，建立一个可以提供定制特色服务的高校旅游网是一个具有实践意义的项目。

一、网络互助旅游的由来及发展

国外的网络互助旅游开始于住宿互换，1953 年欧洲的一些并不富裕的年轻人为了支付昂贵的旅游费用，想出了"交换旅游"的主意，并成立了相应的旅游机构 Intervac。

随着互联网在我国的兴起，一直流行朋友间的互相拜访，这种方式被认为是互助旅游的雏形，它公认的创始人是苏州网民仲一。随后，互助旅游的成功案例越来越多，借助网络、报纸、杂志以及电视等各种传播媒介，已经在网友圈中流行开来，尤其是在一些大学生和白领之间传播开来，已经成为一种新的时尚。

这种旅游模式，一方面拓展了旅游资源的外延，使得目的地居民以及住房成为旅游资源的一部分，参与到旅游产业体系当中；另外一方面，降低了旅游的开销，适应了旅游者个性化和理性化的旅游消费要求。

二、大学生旅游市场的特点

大学生在旅游市场上作为特殊的消费群体，具有以下鲜明的特点：

（一）更加看重旅游经历及感受

高校大学生更加追求个性化、更加注重旅游体验，因此对于满足个性化需求的定制旅游产品需求不断增强。定制化的特色旅游可以满足他们的想象力和创造力，使其得到与众不同的旅行体验。

（二）讲求经济实惠，以短期旅游为主

大学生大多受经济条件限制，更讲求物美价廉，对价格较为敏感，出行多以短期临近地区为主。

（三）安全问题更加突出

我国大学生由于长期生活在校园，相对缺乏社会经验，独立生活能力较差，因此旅游安全问题更加突出，出行顾虑较多。如果能够解决好安全问题，将能够吸引更多的大学生来购买定制旅游。

（四）信息传递迅速

大学生的旅游决策易受同学或朋友等相关群体影响，愿意通过旅游网络平台，在其他高校寻找互助旅游的对象；或者通过博客、朋友圈等网络媒介分享自己的旅游经验和心得，

结交大量热爱旅游的朋友。

三、大学生定制旅游的网络营销策略

随着网络技术的日趋成熟，各种网络定制旅游项目越来越受到大学生的喜爱，旅游营销渠道运营也发生变革。项目组主要针对的消费人群是各个高校的大学生，并根据大学生的实际消费能力进行设计和客源开发。本着"特色服务、陶冶情怀"的理念，汇聚英语、管理、财务等各个学院的人才，充分发挥潜力，提供优质服务并获取收益。

（一）进行充分的市场调研

在具体操作之前要进行切实的市场调研，了解广大高校学生定制旅游的潜在需求，完善数据，收集他们的兴趣爱好、行为特征等具体数据以便准确定位，并能够切实地为他们量身打造独特的旅游产品。为了满足大学生的个性化需求，应该及时提供线上的实时互动服务，及时完善更新旅游相关信息，做到真实、有效。通过在线服务、微博以及微信等网络媒体加强双向沟通与互动，充分了解他们的需求与兴趣点。

（二）建立线上与线下相结合的营销模式

在互联网上充分利用微店、淘宝、抖音等多种自媒体进行宣传，同时也要定期在各个高校校园内进行现场互动，并且在各个学校发展业余推销员，进行产品推广。充分利用朋友圈、空间、贴吧等浏览使用人数多的网络领域宣传。定期回访老客户，并适当推出优惠服务。定期进行访谈或者问卷调查，不断改进自己的服务，同时吸引新顾客的参与。

（三）提供符合大学生需求的特色旅游产品

由于大学生更加注重自我化、个性化、深度化体验的旅游，因此定制化旅游产品的设计要更加细致，安排更合理，游览更深度。既能保证旅行的自由和个性化，又可以保障安全、交通等自由行存在的问题。在定价方面更加透明、更加灵活。可以适当帮助同学们在其他高校寻找互助旅游的对象，以节省开支、导游的费用，同时增强安全性。在产品设计方面，可以根据大学生特点，设计个性化的旅行路线，宣传中国各高校文化，弘扬地方特色传统文化并增加文化素养。比如，可以提供"修学旅游"，将旅游与增长知识、开阔视野相结合，与其他高校学生进行互助游学。例如名校之旅、根据地考察之旅、少数民族采风之旅，等等，在增进社会实践经验、开阔眼界的同时达到放松的效果。还可以给同学们提供"公益旅游"，设计不同的公益旅游路线让同学们选择，可以到贫困的地方给孩子们短暂支教，也有到偏远地区送爱心的爱心旅程。这样的出行，极具个性与特色。

总之，在整个旅游市场中，大学生群体是独立、特殊而又重要的组成部分。大学生不同于社会其他行业的人员，他们具有一定的经济独立能力，由于他们长期生活在校园，所以对外面的世界充满向往，因此具有更多的冒险精神和追梦遐想。而且他们的自主支配时间较长，人数众多，是一个非常有潜力的市场。在定制化旅游的营销过程中，要充分利用网络跨越时空、降低成本的特征，加大网络宣传的力度；但是由于旅游服务必须在线下完成，所以一定要注重线上宣传与线下服务的紧密结合，同时不断培养团队的专业性以及创新性。还要充分利用国家以及学校对于大学生创业给予的各种支持政策进行资源整合，控制线上与线下交互的各个环节，这样才能真正给大学生们量身定制个性化的旅游服务。

第五节　乡村旅游服务

通过 7Ps 理论，从对当前乡村旅游的产品、价格、渠道、推广、人员、过程、有形展示七个方面进行适用性分析，分析每个要素中乡村旅游的惯用做法和问题，提出针对乡村旅游服务营销策略的建议。

1960 年，美国市场营销学会（AMA）给出了服务的定义："用于出售或者随同产品连在一起进行出售的活动、利益或满足感"。在此基础上，本节认为服务营销的定义是基于客户需求，通过服务进行的满足客户需要的一系列营销活动。而 7Ps 营销理论（The Marketing Theory of 7Ps），是 1981 年布姆斯（Booms）与比特纳（Bitner）在美国营销学学者杰罗姆·麦卡锡（Jerome McCarthy）教授 20 世纪 60 年代第一版《基础营销学》中提出的 4Ps 营销理论，即产品（product）、价格（price）、渠道（place）、推广（promotion）基础上，增加三个"服务性"要素，即人（People）、过程（Process）、有形展示（Physical evidence）。本节立足 7Ps 营销理论，剖析乡村旅游市场中的服务营销问题及其应用。

一、7Ps 营销理论在乡村旅游营销中的适用性分析

（一）产品

在乡村旅游中，按照生产方提供的产品大致可以分为两大类：一是有形的产品，即餐饮、住宿、农副产品、自然风光，二是无形的产品，即服务、风土民情。但是在实践过程中，有形的产品与无形的服务其实是不可分割的。有形的产品在生产和销售过程中，离不开服务的要素，而无形产品需要通过有形产品为载体，体现服务产品的价值。以餐饮产品为例，在乡村旅游中，由于在菜单的设计、菜品的介绍、服务的技能等方面没有进行系统的梳理，降低了客户在消费中综合感受。

（二）价格

乡村旅游一般价格的制订会从三个方面进行考虑：一是竞争导向定价。就是参照市场上同等档次的企业定价进行自身价格的制订，随行就市。二是需求导向定价。一般只根据自然季节变化、节假日、重大活动等情况，根据需求的程度进行淡旺季价格制订。三是成本导向定价。就是依据自身生产产品的成本，加上利润和税金作为制订价格的方法。但在价格制订过程中，未能结合不同的人群和需求进行个性化的价格定制，缺少价格体系和服务。

（三）渠道

一般的乡村旅游渠道大致有三个：一是中间商渠道。通过旅行社和拓展公司等中间商将乡村旅游消费者集中组织到企业进行消费。在实践中，由于乡村旅游企业服务能力的问题，在应对旅行社集中组织消费者的过程中，往往出现服务水平不高，服务质量不佳等现象。二是网络渠道。现在旅游市场的互联网企业基本形成稳定的市场格局，携程、去哪儿、美团、大众点评、小红书和马蜂窝等基本上涵盖线上资讯、线上宣传和线上消费等基本功能。但是由于乡村旅游企业人员素质普遍不高，加之人力资源有限，对于线上信息的管理和线上服务有心无力。三是以老带新。通过已经在乡村旅游企业消费过的客户，进行转推介，然后吸引新客户进行消费。

（四）促销

促销是吸引客流的重要方式，也是体现企业品牌活力、策划能力以及协同能力的重要活动。一般促销会有四种方式：一是宣传广告。通过在各类媒体投放广告进行产品或活动宣传。二是人员推销。通过在一定范围内的人员地推，进行乡村旅游的项目和产品的促销。三是公共关系。通过与政府关系、社区关系、媒体关系等进行项目和资源整合进行促销。四是事件营销。通过热点话题、名人效应等事件，进行搭便车，甚至可以自己制造话题和邀请名人等进行宣传。

（五）人员

人员作为服务过程中重要的环节，是服务中不可缺少的。乡村旅游所处的环境不如城市旅游配套设施完善和健全，消费者的消费诉求，大多需要通过服务人员的服务进行弥补。但是，在乡村旅游现实情况看，乡村旅游从业者的文化素质、专业技能、服务意识等方面普遍不高，也一定程度上由于人员服务的缺失，造成消费者对乡村旅游有档次不高、设备落后、服务不好等印象，间接地影响乡村旅游的市场。

（六）过程

旅游是一种愉悦体验的过程，所以乡村旅游的全过程都会影响消费者的感受。从旅游的六大要素看，首先交通出行的情况，决定了乡村旅游的可进入性，自驾游对道路有一定要求，散客对公共交通很重视；其次，吃和住能否满足现在日益提高生活水平后的消费者的需求，是诸多消费者选择旅游目的地的一个重要因素；再次，在旅游过程中，有无丰富有趣的娱乐项目和旅游购物产品，也是消费者考虑的因素。

（七）有形展示

很多乡村旅游企业，主要依托自然环境和政府配套等，处于较为被动的角色，往往不重视展示，还有"守株待兔""酒香不怕巷子深"的观念，很少主动通过设计去展示产品和服务。乡村旅游还应该针对生态农产、地域文化、人文风情等进行专门的设计和展示，让消费者更加立体地体验乡村旅游产品，乡村旅游企业也可以通过挖掘有核心竞争力的产品，起到吸引消费者的目的。

二、乡村旅游服务营销建议

立足于前面的适用性分析，可以看出，在乡村旅游发展中，从 7Ps 理论中的七个要素的角度出发，有诸多可以改进的服务营销方式，通过归纳和总结，提出四个服务营销策略建议。

（一）提高服务意识，设计服务产品

意识决定一个人的行为。首先，管理层要提高认识。在目前乡村旅游设施设备尚不健全的情况下，乡村旅游企业的业主和管理者应该要重视服务营销，这样才能自上而下的提高服务意识，这样才能有动力去设计和培养员工的服务技能。其次，要有服务顶层设计。员工是服务的载体，靠员工自发性地开发服务产品不现实，但是可以通过员工在服务过程中观察到的消费者需求进行建议，然后由企业的管理者进行收集整理，最后进行服务产品设计。例如，在服务过程中，"迎来送往"是两个重点的环节，民族地区的乡村旅游企业可以结合民族文化，融入服务设计中，然消费者感受民族文化和风情的同时，留下愉悦的体验和深刻的印象。

（二）制订服务标准，创造服务品牌

服务类的国际品牌企业之所以能快速发展，最终形成品牌，和他们将服务标准化，然后通过标准化确保服务质量，然后进行大量复制有关。首先，乡村旅游企业应该根据自身的行业的特点，制订服务标准，用标准化的服务来提高和稳定服务质量，进而形成服务的特色和核心竞争力，用服务弥补部分设施设备的不足。其次，应该建立标准化服务流程的培训体系，用制度化的方式来实施标准化服务。再次，将标准化服务和个性化服务有机统一，要明确标准化服务是基础，个性化服务是标准化服务的延伸和升华。最后，要在标准化服务的同事，结合当地的人文风情、民俗文化和地域特色，形成服务的品牌，打造出乡村旅游的"海底捞"。

（三）结合时代特征，提升网络服务

网络是时代的趋势。在乡村旅游中，往往出现想做好服务，但是缺少人的问题。乡村年轻的人员由于高考升学和进程务工，大多都离开了乡村，剩下的大多是年长的中老年人。首先，在劳动力缺少的乡村旅游中，更应该利用网络和智能的设备代替人的服务，一则可以弥补劳动力的不足，二来可以满足现代人使用网络和智能设备的习惯。其次，目前旅游的服务平台相对成熟。不同的网络平台跟具体不同的市场定位，已经将市场进行了细分，只需要根据自身的市场定位匹配相对应的平台即可，借平台实现乡村旅游企业的网络服务能力。再次，智能设备正属于市场推广期，可以根据自身人员和设备的问题进行补充，利用智能设备优化服务流程，提升服务感受。最后，加强自身网络建设，不论是网络平台还

是智能设备都是基于网络实现功能，因此，乡村旅游企业要加强网络设施设备等配套硬件的建设，以便提高网络服务能力。

（四）重视服务人才，加强学习培训

乡村旅游发展目前的瓶颈不仅仅是客源市场不足和发展不平衡，还有一个重要的因素就是缺少专业的人才从事乡村旅游的工作。首先，可以建立共享机制，实施"共享经理人"计划，一是通过与同类型企业，共同聘请一名职业经理人进行资源的管理和运营，共同分担薪酬等福利，这样既可以减轻企业负担，又可以用市场化的薪酬吸引和留住优秀人才；二是通过"兼职""顾问"等方式，柔性引进管理人才，利用优秀管理人才的经验、能力和资源，提升乡村旅游企业的服务能力和运营能力；其次，加强内部员工的培养。一是通过学习提升员工的服务能力，使其具有能胜任工作岗位的素质；二是通过目标激励让在职的员工能看到清晰的职业规划，有利于员工的忠诚度提升。

第六节　旅游服务满意度

本研究根据旅游工作的实际，结合旅游行业的具体工作，对旅游顾客的满意度进行分析，并结合当前旅游行业的特点提出提高旅游服务满意度的相关措施和方法，对旅游行业切实提升服务质量和水平有所启迪和帮助。

对于旅游行业而言，满意度代表着成败，只有使顾客满意才能成为旅游的潜在稳定市场，也才能为旅游行业带来更多的财富和机遇。从旅游行业的发展来看，在当前的工作中必须重视提高顾客的满意度，使其形成旅游行业进一步发展的基础，创造出旅游行业振兴的新途径。

一、顾客满意度对旅游行业的重要价值

在发达国家顾客满意度是衡量行业发展和进步的重要标尺，对顾客满意度的重视能够顺应顾客的需要，也能够更多地占领市场，形成自身的优势。根据发达国家旅游行业的相关定义，顾客满意度一般是指旅游产品的具体价值和游客期望值之间的相符程度，顾客因为旅游的意愿而产生旅游的需求，进而产生对旅游产品的期望。如果旅游产品接近或满足顾客的心理希望或预期，顾客就会产生满意感，进而对旅游产品有了正面的评奖，最终形成忠实的游客群体，在扩大市场的同时，促进旅游行业的进一步发展。在旅游行业有一个共识——忠实客户的满意度最高，可见顾客满意度对于旅游行业的重要价值，在当前的发展情况下，旅游行业应该将提高顾客满意度作为根本的目标，形成各旅游企业追求顾客满意度提升的环境和氛围，在增加旅游企业核心竞争力的同时，提高旅游企业市场的占比，达到从根本上壮大和促进整个旅游行业发展的目标。

二、旅游行业提高顾客满意度的方法

（一）加强顾客满意度的调查和科研

旅游行业应该建立以顾客满意度为核心的研究机构，集中旅游企业优势的科研力量对于顾客满意度展开深入研究，从顾客的期望入手，对于顾客的要求进行分类，重点对旅游行业的产品是否满足顾客的需要进行研究，在判明消费趋势、识别有效顾客的基础上，找准旅游市场的趋势和方向，在有效认知顾客关注点的同时，实现对顾客满意度的深层次研究。当前对于顾客满意度的调查主要手段有访谈、问卷、个案等不同方式，应该利用各种科研方法的优势，针对不同旅游群体和顾客展开有针对性地调研，在形成顾客满意度有效评价指标和体系的同时，实现对顾客真实意愿的客观表达，帮助旅游行业持续地调整，形成对顾客满意度的不断提升。

（二）建立旅游行业服务的标准体系

旅游行业应该具有全局意识和标准化思想，要站在旅游行业的长远发展角度看待标准化问题，要形成服务程序、服务项目、服务内容的标准化，这方便对于每一细节和关键提出具体且实际的要求，既便于旅游企业的实施，也利于旅游行业的整体提高，有助于顾客满意度的整体提升和基本保障。

（三）提高旅游行业从业人员的能力和素质

要看到旅游行业从业者素质对于顾客满意度的直接影响，要通过各种途径和手段对于旅游行业从业者进行持续而系统地培训，形成从业人员能力的有效提升，进而确保顾客满意度。当前应该进行旅游行业服务技能、服务意识的培训活动，让从业人员全面了解服务的实质和精髓，真正做到对顾客各种需要的全面满足，达到顾客满意度的有效提升。

（四）树立旅游行业的服务意识

要让整个旅游行业的人员明确服务意识的重要性，这是旅游行业发展的根本所在，在实际的管理工作中应该在旅游行业内部开展无缺点服务的竞赛活动，在发挥个人主动性的基础上，形成行业服务意识的突破和提升。要看到服务意识提高的长期性，应该具有系统性措施和全面性方法，将顾客满意度和收益做到进一步地统一，形成服务于行业、服务于地方发展的意识，新时期更应该在提高顾客满意度的同时，落实服务的细节、内容、重点，给整个旅游行业带来进一步的经济和社会效益。

（五）创新旅游行业的服务理念

新时期要以真诚的旅游服务取代传统的公式化服务，满足不同顾客的差异性需求，同时要倡导以适度服务取代过于殷勤服务，这是现代旅游行业的发展方向。此外，应该在缩短顾客在接受服务时的等待时间上下功夫，我国旅游行业的一个突出性问题就是等待时间过长，旅游企业可以通过统筹和系统性的方法对旅游服务进行重新整合，形成旅游行业的新方法，例如通过创造一个让顾客快乐的服务氛围来分散顾客等待时期的注意力，服务的提供者可以用各种手段，如：灯光，暖色调，配饰，灿烂的微笑和温馨的语言等，给客人创造一个快乐的氛围；最直接的方法是转移顾客在等待时刻对于时间上的过分关注，服务的提供者可以开辟一个顾客等待区域，在这个区域里根据目标顾客的特点，合理安排一些不需要太大投资的设施，如：书报，电视，茶饮等，转移顾客的注意力，从而达到缩短等待时间的目的。

综上所述，从整个旅游行业的进步和发展的角度看，提高顾客满意度是旅游行业当前的关键任务和核心目标，旅游企业和主管部门必须对顾客满意度有进一步的认知，形成以顾客满意度提高为基础的机制和体系，通过全面参与、不断完善、持续改进等措施形成旅游服务的升级，使服务真正达到顾客的需要和预期，形成顾客满意度提高的根本性保障，进而促进旅游行业的持续发展，并对旅游企业竞争能力和风险抵御能力的提升作出基础性的保证。

参考文献

[1] 郗瑞 . 基于乡村旅游视角下关中地区村庄规划研究——以陕西袁家村为例 [D]. 长安大学，2016.

[2] 刘文溪 . 陕西关中文化在乡村旅游景观中的运用与研究 [J]. 建材与装饰，2017（4）.

[3] 詹秦川，杨叶萌 . 陕西关中民俗文化景观的人文精神内涵 [J]. 艺术与设计：理论，2014（10）：67-69.

[4] 张云鹏 . 乡村旅游景观规划设计研究 [D]. 西北农林科技大学，2011.

[5] 于全涛 . 关中地区乡村旅游探析——以礼泉袁家村为例 [J]. 江苏商论，2013（8）：164-164.

[6] 陈秋华，纪金雄 . 乡村旅游精准扶贫实现路径研究 [J]. 福建论坛（人文社会科学版）.

[7] 艾伦·卡尔松 . 环境美学——自然、艺术与建筑的鉴赏 [M]. 杨平，译 . 成都：四川人民出版社，2006：32-45.

[8] 谢彦君 . 基础旅游学 [M].2 版 . 北京：中国旅游出版社，2006：203-251.

[9] 康德 . 判断力批判 [M]. 邓晓芒，译 . 北京：人民出版社，2004.

[10] 高星 . 香格里拉文化地图 [M]. 西安：陕西师范大学出版社，2004：100-102.

[11] 聂春华 . 当代环境美学中的科学主义之争及其实质 [J]. 哲学动态，2011（10）：101-105.

[12] 阿诺德·伯林特 . 生活在景观中——走向一种环境美学 [M]. 张敏，周雨，译 . 长沙：湖南科学技术出版社，2006：31-45.

[13] 艾伦·卡尔松 . 当代环境美学与环境保护论的要求 [J]. 学术研究，2010（4）：16-27.

[14] 陈望衡 . 环境伦理与环境美学 [J]. 郑州大学学报（哲学社会科学版），2006，39（6）：116-120.

[15] 艾伦·卡尔松 . 自然与景观 [M]. 陈李波，译 . 长沙：湖南科学技术出版社，2006：56-76.

[16] 李仁杰，傅学庆，张军海 . 非物质文化景观研究：载体、空间化与时空尺度 [J]. 地域研究与开发，2013，32（3）：49-55.

[17] 陈望衡 . 环境美学的当代使命 [J]. 学术月刊，2010，12（7）：94-99.

[18] 石培华，龙江智，郑斌 . 旅游规划设计的内涵本质与核心理论研究 [J]. 地域研究与开发，2012，31（1）：80-84.2016（5）：196-200.